그냥
나로 살아도
괜찮아

그냥 나로 살아도 괜찮아

펴낸날 2025년 6월 10일 1판 1쇄

지은이 천하이셴
옮긴이 박영란
펴낸이 金永先
편집 이교숙
디자인 타입타이포

펴낸곳 더페이지
주소 경기도 고양시 덕양구 청초로 10 GL 메트로시티한강 A동 20층 A1-2002호
전화 (02) 323-7234
팩스 (02) 323-0253
출판등록번호 제 2-2767호

값 18,800원
ISBN 979-11-94156-20-8(03180)

더페이지와 함께 새로운 문화를 선도할 참신한 원고를 기다립니다.
이메일 dhhard@naver.com (원고 투고)

불완전한
나를 위한
가장 따뜻한 위로

그냥

나로 살아도

괜찮아

천하이센 지음
박영란 옮김

더페이지

나를 가로막는, 나를 탐색한다

나는 친구가 많은 편이다. 그래서인지 글을 쓸 때면 친구들의 이야기를 자주 소재로 삼아, 그 안에 담긴 삶의 진리를 풀어내곤 한다.

그중 한 친구는 업계에서 꽤 잘 알려진 전문가인데, 그가 개설한 강의에는 늘 많은 수강생이 몰린다. 그는 직접 강의 자료를 출력해 참고 교재로 활용하며, 여러 곳을 다니며 강의하고 상담을 병행하는데 으레 "책은 언제 나오나요?" 라는 질문을 받는다고 한다.

그는 이미 방대한 자료와 전문 지식을 갖추고 있어, 책을 내는 일은 그리 어렵지 않을 것처럼 보였다. 본인 역시 그렇게 생각했다. 하지만 몇 년이 지난 지금도, 여전히 그의 책은 출간되지 않고 있다.

친구는 사실 집필을 거의 마친 상태였다. 그런데 마지막 장을 쓰는 도중, 갑자기 의욕을 잃어버렸다. 그는 자신이 왜 계속 작업을 미룰 핑계를 찾는지, 그 이유를 분석하기 시작했다.

그 원인을 찾는 것은 어렵지 않았다. 그는 자신에 대한 기준이 무척 높은 사람이다. 책을 쓰는 과정에서도 이러한 높은 기준이 적용되면서 집필을 마무리하는 것이 아예 달성하기 어려운 목표가 되고 만 것이다. 그는 자신을 제대로 표현할 수 있는 책을 쓰고 싶어 했다. 이런 높은 기준으로 봤을 때 자신의 책이 마음에 들지 않는 것은 당연한 일이었다.

그는 강의나 상담할 때 종종 매우 날카롭고 예민하게 말하는 편이다. 현장에서는 문제의 본질을 정확히 짚어내기 위해, 때로는 날카로운 논리와 표현이 필요하기 때문이다. 그런 말들이 사람들의 생각을 흔들고, 새로운 통찰로 이끄는 역할을 하기도 한다. 하지만 그 말들이 문자로 옮겨지는 순간, 그 날카로움은 맥락을 잃고 현실과 분리된 차가운 문장으로 남게 된다. 생생했던 전달력은 사라지고, 그저 껍데기뿐인 논리만이 덩그러니 남는다는 것이다. 그는 바로 그 지점에서 자신을 글로 온전히 담아내는 데 한계를 느꼈다.

그는 나르시시즘이 작업을 미루는 원인이라고 생각했고, 나에게 나르시시즘을 극복하는 방법이 무엇인지 물었다. 고민 끝에 나는 이런 대답을 내놨다.

"진짜 자신을 온전히 표현할 수 있는 책을 쓴다는 건 불가능하다고 생각해. 그건 이 책도 그렇고, 다른 책도 마찬가지일 거야. 아무리 잘 쓴 책이라도 부분적이고 단편적이며, 정지되어 있을 수밖에 없어. 반면에 너는 계속해서 발전하고 있잖아. 그러니 어떻게 한 잔의 물로 쉬지 않고 흐르는 강을 대표할 수 있겠어?

네가 거만해 보이는 걸 싫어하는 건 알겠는데, 그건 나르시시즘이라기보다 훌륭한 자기반성이야. 차라리 그 자기반성에 관한 내용을 별도의 장으로 써 봐. 독자들에게 이렇게 말하는 거지.

'내 책을 좋아하지 않으셔도 괜찮습니다. 사실 저도 썩 마음에 들지 않거든요. 어쩌면 여러분보다 제가 훨씬 더 날카롭게 이 책을 비판할 수 있을지도 모르죠.'"

이 말을 들은 친구는 큰 깨달음을 얻었는지 고개를 끄덕였다.

사실 그에게 말하지 않은 것이 있다. 나 또한 계약서에 서명하고 이 책을 실제로 출간하기까지 2년이 넘게 걸렸다는 것이다. 글쓰기에 1년, 제목을 생각하는 데 또 1년이 걸렸다. 마지막으로 서문만 남았고, 서문을 쓰는 데에도 또 2개월이 걸렸다. 내가 그에게 했던 "여러분이 내 책을 좋아하지 않으셔도 괜찮습니다. 사실 저도 썩 마음에 들지 않거든요."라는 말은 즉흥적으로 떠오른 것이 아니라, 나 자신을 위로하기 위해 자주 사용했던 말이다.

지금도 그 말이 정말 그에게 도움이 되었는지는 잘 모르겠다. 어쨌든 그의 책은 아직 세상에 나오지 않았다. 하지만 내게는 분명 큰 도움이 되었다. 그날의 대화 이후로 나는 2년이나 끌어온 이 책을 마무리하기 시작했다. 바로 당신이 지금 읽고 있는 이 책이다. 그리고 2개월째 미루고만 있던 서문도 쓰기 시작했다. 바로 지금 당신이 읽고 있는 이 서문이다.

나는 이 책을 통해 과거의 나를 돌아보며, 자신에게나 이 책에나 완벽함을 추구하지 말자고 다짐했다. 특히 이 책이 독자들에게 '불완전함을 어떻게 받아들일 것인가'를 가르치는 책이기에 더더욱 그러해야 했다. 물론 나 역시 진정성이 있는 만큼이나 미숙한 부분도 많다. 그래도 미숙한 부분에 대해서는 '부끄러워하지 말고 있는 그대로 받아들이자. 그것이 성장의 증거다'라고 스스로 격려한다.

만약 우리가 영원한 '자아와 현실의 모순' 속에서 산다면, 이 모순을 초월해 자신을 더 받아들이고, 더 진정성 있게 살며, 일과 관계에 더 몰입할 수 있는 순간이 있을 것이다. 우리는 이 소중한 순간을 '행복'이라고 부른다. 하지만 이 순간이 삶의 전부가 아니라는 점을 분명히 인식해야 한다. 이내 새로운 모순과 불균형이 찾아오게 되어 있다. 불교에서는 모든 중생은 고통 속에 있다고 말한다. 인간의 성장은 많은 고통과 좌절, 방황 그리고 깨달음을 포함한다. 이러한 중요한 인생 경험과 비교하면 '행복'이라는 단어는 너무 가볍고 단편적이어서 자기 발전의 모든 과정을 개괄하기에는 역부족이다.

그렇다면 어떤 단어가 더 잘 담아낼 수 있을까? 이 책에서는 이상과 현실의 모순, 관계의 독립과 경계, 수용과 변화 등 다양한 성장 주제를 다룬다. 사실 이 모든 주제는 하나의 주제로 귀결되는데, 바로 우리의 '자기 탐색'이다.

　우리는 쉽게 자신을 잃어버린다. 특히 현실이 뜻대로 되지 않을 때 더욱 그렇다. 마치 마음속에 되고 싶은 자신이 있는데, 현실이나 관계가 다른 자신을 받아들이라고 강요하는 것과 같다. 특히 변화가 찾아올 때, 이 현실을 받아들이지 않으면 계속해서 갈등하고 고통받고, 반대로 이 현실을 받아들이면 자신이 누구인지 잊어버리게 된다. 동화 속에서 길을 잃은 주인공이 어두운 숲으로 들어가 자신이 누구인지 답을 찾아내는 것처럼, 우리도 어두운 숲으로 들어가 우리가 누구인지 찾아야 한다.

　이 책이 전하려는 핵심은 바로 험난한 자기 탐색의 여정이다. 우리는 그 과정에서 어떤 어려움에 직면하게 되는지, 그리고 어떻게 그 벽을 넘어설 수 있는지를 함께 살펴본다.

　그리고 마침내 새로운 자신을 찾았을 때, 아마도 '그'를 알아볼 수 있을 것이다! 그는 다름 아닌 본래의 당신이다. 상처받는 것을 두려워하지 않고 일에 전념할 수 있으며, 다른 사람과 가까워지려는 의지가 있고, 세상을 순수하게 바라보고 모험을 시작하려는 열망을 가진 그 사람. 초심을 간직한 채 아직 많은 사람의 시선에 얽매이지 않은 당신 말이다. 결국 자신을 찾는 것의 끝이 그 시작점이라는 사실을 알게 될 것이다. 이 책을 충분히 즐기길 바라며, 모두 진정한 자신을 찾기를 기원한다.

저자 천하이셴

✻ 차례 ✻

프롤로그

나를 가로막는, 나를 탐색한다 •8

1장

삶의 의미를 찾을 수 없다면

답을 찾는 자가 되어라 •21

외로운 퍼즐 조각 •24

삶을 경험하라 •27

사례 1 | "모든 것이 엉망인데 정확히 무엇이 문제인지 모르겠어요." •34

사례 2 | "나는 어떤 사람일까요?" •42

사례 3 | "하루에 적어도 세 번은 죽음을 생각해요." •49

생각과 실천 •58

2장

결핍에서 오는 불안

사랑의 결핍이 외로움을 키운다 •63

결핍이 또 다른 결핍을 낳는다 •66

바쁜 사람이 더 많은 계획을 세운다 •72

결핍에 대처하는 방식 •75

결핍에서 벗어나는 방법 •81

사례 1 | "무언가를 선택하는 것이 너무 힘들어요." •83

사례 2 | "가난하다는 생각에 사로잡혀 아무것도 못 하겠어요." •89

생각과 실천 •99

3장

평범함을 받아들인다는 것

평범함을 받아들일 때 삶은 특별해진다 ·105

'쓸모없는 사람'의 쓸모 ·111

이상과 현실 사이에서 균형 잡기 ·118

사례 1 | "제가 원하는 삶과 거리가 먼 현실 때문에 힘들어요." ·125

사례 2 | "과거의 활력 있던 나를 되찾고 싶습니다." ·128

사례 3 | "노력하는 과정은 행복한데, 결과는 언제 나타날까요?" ·138

사례 4 | "새로운 자극만 찾아 헤매고 지속적인 노력은 하지 못합니다." ·146

생각과 실천 ·153

4장

미루기의 늪, 시작을 가로막는 심리적 장벽

심리적 문제인가, 사회적 현상인가?   ·161

미루는 습관과 자기 기대   ·167

미루는 습관의 네 가지 원인   ·172

자기 비난 vs. 자기 이해   ·185

자기 자신과 협상하라   ·189

당장 할 수 있고, 하고 싶은 일을 해라   ·193

생각과 실천   ·205

5장

가면을 벗고 나답게 성장하기

성공한 것 같지만 행복과 거리가 먼 사람들 •211

나를 잃어버리게 하는 비교와 평가의 덫 •217

성장 마인드셋과 고정 마인드셋 •224

답은 머릿속이 아니라 현실 세계에 있다 •232

자신을 감싼 껍데기 깨기 •240

위로가 아닌 변화를 생각하라 •244

'무엇을 어떻게'에 초점을 둔다 •251

나무처럼 성장하는 사람 •257

내면의 갈등을 다스리며 앞으로 나아가라 •263

생각과 실천 •269

1장

삶의 의미를 찾을 수 없다면

누구나 삶의 길에 대해 의문을 품을 수 있다.
그러나 우리가 묻지 않더라도,
삶은 오히려 그 자체로 의미와 이치를 드러낸다.
_피트 헤인(Piet Hein)

나는 여기 이렇게 누워
아무런 의미도 발견하지 못하지만,
삶은 여전히 나를 놀라게 한다.
_무명

답을 찾는 자가 되어라

K는 학교를 졸업한 뒤, 몇 년 동안 제대로 된 일자리를 구하지 못했다. 그녀는 세상을 떠돌며 기이한 사람들의 이야기가 담긴 책을 즐겨 읽었고, 세속적인 삶에는 큰 매력을 느끼지 못했다.

어느 날, 내가 불교대학에서 심리학을 가르쳤다는 것을 알고, 불교의 가르침에 대해 이야기를 나누고 싶다며 나를 찾아왔다. 그녀는 『반야심경』을 읽고 있으며, 돈을 벌거나 연애를 하거나 가정을 꾸리는 일 같은 세속적인 것들에는 굳이 마음을 둘 필요가 없다고 말했다. 자신은 이미 해탈의 경지에 이르렀다고 여기는 듯했다. 그런데 문제는 세상의 모든 것이 무의미하다고 느껴져서 그 무엇도 하고 싶은 의욕이 생기지 않는다는 것이었다.

나에게 이런 이야기를 한 사람이 그녀가 처음은 아니다. 많은 사람이 걱정이나 고민으로 힘겨울 때 불교나 노자, 장자의 철학에서 해답을 찾고자 하지만, 결국 이러한 철학적 이론은 공허함만 더할 뿐이다.

실제 삶이야말로 의미의 토양이다. 실제 삶과 단절되면 아무리 심오한 철학이라도 삶의 의미를 깨닫는 데 도움을 줄 수 없다. 삶의 의미는 삶을 정제하고 요약해 나가는 데서 비롯된다. 삶 자체가 없다면 어디에 의미가 있겠는가?

진정으로 유용한 철학이란, 우리에게 자유롭고 성실하게 사는 법을 가르친다. 물론 인생의 교리에 갇혀서도 안 되지만, 그렇다고 현실에서 도망쳐서도 안 된다. '젊을 때는 노자와 장자의 철학을 배우지 말고, 늙어서는 공자와 맹자의 글을 읽지 말라'는 말이 있다. 젊을 때는 우리가 노장 철학이나 불경이 설파하는 인생의 공허함을 쉽게 오해할 수 있기 때문이다. 인생의 경험을 충분히 쌓고 나서야, 그 속에서 자유와 해탈을 읽어 낼 수 있다.

허무의 반대말은 '의미'다. 그렇다면 인생은 과연 의미를 가질 수 있을까? 이 질문에 대한 답은 사람마다 다를 수 있다. 기자들이 작가 천단칭陳丹靑에게 인생의 의미에 대해 묻자, 그는 단호하게 "인생은 무의미하다!"라고 대답했다.

그가 말한 '인생은 무의미하다'는 견해는 다음 세 가지 의미를 내포하고 있다.

(1) 인생은 본질적으로 아무런 의미가 없다.

'의미'란 인간이 생존을 위해 창조한 것이다. 정치경제학자 막스 베버$^{Max\ Weber}$는 "인간은 자신이 뿜어낸 의미의 그물 속에 갇힌 거미와 같은 존재이다."라고 말했다. 사회와 문화가 작동하는 원리 자체가 인간이 존재의 허무함과 직접 마주하는 것을 피하기 위해 '의미'를 창조하는 데 있다는 것이다.

(2) 인생의 의미는 스스로 부여하는 것이다.

'인생의 의미는 무엇인가?'라는 질문에 우리는 단순한 질문자가 아니라, 답을 찾는 자가 되어야 한다. 어쩌면 '답을 찾아가는 과정' 자체가 의미일 수 있다.

(3) 인생의 의미를 묻는 것 자체가 무의미하다.

인생의 의미라는 추상적이고 지루한 질문을 고민하기보다는, 그저 자신이 해야 할 일을 묵묵히 해내며 살아가는 편이 낫다. 긍정심리학자 조너선 하이트$^{Jonathan\ Haidt}$는 인간 진화에서 생존의 단위는 개인이 아니라 '집단'이라고 보았다. 의미란 우리가 속한 공동체와의 연결 속에서 생겨나며, 평범한 일상에서는 그 의미의 감각이 흐려지다가도 전쟁이나 제사, 혹은 집단의 발전과 관련된 중요한 순간에는 강렬하게 작동한다. 그때 사람들은 자신을 잊고 공동체를 위해 헌신하며, 하이트는 이러한 '집단과의 연결'이 의미의 본질이라고 보았다.

외로운 퍼즐 조각

의미의 본질은 '연결'에 있다. 더 나아가 이러한 연결은 개인과 집단 간의 연결뿐만 아니라, 시간의 흐름 속에서 지금 이 순간과 과거 또는 미래와의 연결도 포함한다. 우리는 자신이 미래와 연결되어 있고, 타인과 더 넓은 세상 속 일부라는 느낌을 받을 때, 비로소 삶의 의미를 깊이 실감한다.

마치 퍼즐 조각처럼 퍼즐 한 조각만 따로 보면 무엇에 쓰이는지 몰라서 함부로 다뤄지기 쉽다. 하지만 당신이 이 퍼즐 조각만을 보는 것이 아니라, 전체적인 그림을 보고 이 퍼즐 조각이 전체 속에서 어떤 위치에 있는지 알게 된다면 그 퍼즐 조각은 더는 무의미한 조각이 아니다.

이 퍼즐 조각은 우리가 처한 현재의 상황일 수 있으며, 전체 그림은 곧 우리의 인생일 수 있다. 우리가 어떤 과거를 통해 현재에 이르렀는지, 또 어떤 현재를 통해 미래로 나아갈지 분명히 알고 있다면, 지금 단계가 인생에서 어떤 위치에 있는지 알 수 있을 것이다. 마치 퍼즐 조각 하나가 어떻게 그림을 완성하는지 아는 것처럼 말이다. 반면, 과거와 현재, 미래가 단절된 채 살아간다면 우리는 필연적으로 공허함을 느낄 수밖에 없다.

시간의 흐름에서 현재와 미래를 연결하는 것은 '목표'다. 목표는 삶의 방향을 설정해 주며, 목적의식은 의미를 만들어 내는 중요한 원천이 된다. 목표 없이 하루하루를 흘려보내고, 내일에 대한 기대가 없는 삶은 무료하고 공허할 뿐이다.

이러한 연결은 인간관계에서도 마찬가지다. 우리는 매 순간 가족과 친구, 연인과 동료, 그리고 사회와 국가에 이르기까지 수많은 관계 속에서 살아간다. 그리고 이러한 관계 속에서 나와 타인을 잇는 핵심은 바로 '사랑'이다. 우리가 서로를 원하고, 사랑하고, 사랑받는다는 사실을 깨닫는 순간, 삶의 의미는 더욱 깊어진다. 반면, 타인과 단절되고 고립될수록 우리는 점점 더 공허함에 빠질 수밖에 없다.

한번은 강연 중에 사람들과 인생의 의미에 대해 토론한 적이 있다. 한 여성이 오랫동안 자신의 삶이 무의미하게 느껴져 힘들었다고 털어놓았다. 그녀는 공무원으로서 반복되는 행정 업무에 묻혀 지냈으며, 단조로운 일상의 흐름 속에서 삶의 의미를 잃고 있었다. 그런데 어느 날, 그녀는 삶의 의미를 깨닫는 순간을 맞이했다. 바로 엄마가 된 날이었다. 작은 생명이 자신에게 의지하고 있다는 사실을 깨달았을 때, 그녀는 더 이상 삶을 무의미하게 느끼지 않았다. 그 아이를 위해, 그리고 자신을 위해 열심히 살아야겠다는 다짐이 자연스럽게 들었다고 했다.

이처럼 우리 삶은 하나의 퍼즐 조각과도 같고, 전체 그림은 더욱 거대한 차원의 세계일 수 있다. 우리는 모두 언젠가 죽음을 맞이할 것이다. 소설가 블라디미르 나보코프Vladimir Nabokov는 "삶은 두 개의 영원한 어둠 사이에 존재하는 짧은 빛일 뿐이다."라고 말했다. 우리의 인생은 어쩌면 외로운 퍼즐 조각처럼 보일 수도 있다.

그렇다면 우리는 죽음을 어떻게 마주해야 할까? 죽음은 우리의 의식을 소멸시키지만, 어쩌면 그것은 완전한 소멸이 아닐지도 모른다. 한 방울의 물이 바다에 합류해 더 큰 존재의 일부가 되는 것처럼, 우리는 사라지는 것이 아니라 또 다른 형태로 이어질 것이다.

인류의 역사, 생명의 흐름, 나아가 우주의 진화는 우리의 상상을 초월하는 장엄한 그림이다. 우리는 이 끝없는 그림 속 작은 일부일 뿐이다. 자아의 수명은 짧지만, 이 그림은 영원히 계속된다. 그렇게 생각하면 나는 공허함이 아니라 깊은 경외감을 느낀다. 이것이야말로 우리가 삶에서 찾을 수 있는 '의미'의 궁극적인 원천이 아닐까.

삶을 경험하라

내담자 P는 멀리에서 찾아왔다.

"저는 결혼했고 초등학교에 다니는 아이가 있습니다. 안정적인 공기업에 다니고 있어서 일에 큰 스트레스도 없고, 수입도 괜찮습니다. 이미 집이랑 차도 마련했어요. 제가 사는 중소도시에서는 그럭 저럭 잘사는 편에 속할 겁니다. 그런데 문제는 아무 의욕이 없다는 거예요. 아무것도 하고 싶지 않고, 별다른 흥미도 없습니다.

처음에는 취미가 없어서 그런가 생각했어요. 그래서 취미를 찾으려고 노력했죠. 한동안 자주 연극을 보러 다녔고, 연극 동아리에도 들어갔습니다. 그러면서 연극에 약간의 흥미가 생긴 것 같았지만 연기 초보에다가 외향적인 성격도 아니어서 오래는 못하겠다는 생각이 들었습니다. 게다가 동아리 사람들 대부분이 저보다 훨씬 어린 사람들이어서 세대 차이도 있을 것 같았어요. 그래서 몇 번 가다가 그만뒀습니다. 얼마 있다가 제 나이에는 사진을 배우는 게 더 맞을 거라고 생각했어요. 그래서 DSLR 카메라도 구입하고 사진작가 협회에서 주관하는 교육 과정에도 등록했어요. 출사도 몇 번 나갔습니다. 처음엔 재미있었지만 금세 흥미가 사라졌죠. 몇 번 사진을 찍고 나서는 카메라를 내려놓고 말았습니다.

그 후엔 외부에서 해답을 찾기보다는 내면에서 답을 찾아야겠다고 생각했어요. 공부를 열심히 하고, 스스로를 더 다독여야겠다고 다짐했죠. 그래서 선생님의 강의를 포함해 여러 강의를 수강했습니다. 처음에는 변화를 위한 새로운 방향을 찾은 것 같아 설레기도 했어요. 하지만 결국 '수많은 이론을 들어도 여전히 제대로 살지 못하는' 상태로 돌아오고 말았습니다."

그는 잠시 말을 멈추더니 다시 이어갔다.

"저도 제가 왜 이러는지 모르겠어요. 여기저기 문제가 많은 것 같은데 또 한편으론 별다른 문제가 없는 것 같기도 하고요. 오랫동안 우울한 상태였고, 어떤 것도 저를 진정으로 행복하게 해 주지 못했어요. 삶이 너무 무감각하게 느껴집니다. 그래서 선생님과 이야기를 나누고 싶었습니다."

나는 그에게 물었다.

"일은 어떠세요? 지금 하는 일을 좋아하시나요?"

"좋아하지도 않고 그렇게 크게 싫어하지도 않아요. 벌써 10년 넘게 근무했고, 그동안 정말 성실하게 일했습니다. 정상적으로 승진도 해서 관리직까지 올라갔고요. 예전에 이직을 시도한 적도 있지만, 여러 이유로 잘되지 않았어요. 그러다 보니 이제는 주어진 대로 하는 게 익숙해졌습니다. 지금 하는 일은 대부분 단순한 행정 업무예요. 제가 있든 없든 큰 차이가 없죠. 최근 몇 년 동안은 업무에서 점점 멀어지는 기분이었고, 일에 전념하지 못한 채 그저 대충 처리하고 말았습니다. 그러다 보니 존재감과 자신감이 점점 사라지더라고요. 하지만 제가 조금 더 신경 쓴다고 해도 큰 차이는 없었을 겁니다."

나는 다시 물었다.

"결혼하셨죠? 아내분은 어떠세요? 아내와의 관계는 괜찮으신가요?"

"좋지도 나쁘지도 않아요. 아내도 지방 공공기관에서 일하고 있어요. 평소에 우리는 각자 할 일을 합니다. 집에 오면 아내는 드라마를 보고 저는 온라인 강의를 듣습니다. 딸아이와 관련된 일 외에는 대화가 거의 없어요."

'좋지도, 나쁘지도 않다'는 말이 어딘가 무력하게 들렸다. 쉽게 바꿀 수 없는 현실 속에 스며든 정체된 감정 같았다. 삶의 틀 안에 자신을 가둔 채, 묵묵히 역할만 수행하고 있는 듯한 모습. 어쩌면, 모든 것을 내려놓고서야 비로소 자신만의 길을 떠났던 서머싯 몸 Somerset

Maugham의 소설 『달과 6펜스』 속 주인공처럼, 그도 마음 한켠에서는 그런 해방을 꿈꾸고 있는 건 아닐까.

우리는 정말 결정적인 변화를 해야만 삶의 답답한 굴레에서 벗어나 다시금 살아 있다는 느낌을 되찾을 수 있는 걸까? 그에게는 정말 자신이 원하는 것이 없을까?

"없습니다. 저는 특별히 원하는 것이 없어요. 제 기억으로는 부모님께 무엇을 사달라고 한 적도 없습니다. 요구해도 소용이 없다는 걸 알았거든요. 그런데 선생님께서 물어보시니 갑자기 한 가지 일이 떠오르네요. 고등학교 때, 어머니가 출장을 다녀오시며 상하이에서 신발을 한 켤레 사다 주셨어요. 하얀색 신발이었는데, 디자인이 약간 여성스러워서 마음에 들지 않았어요. 그래서 어머니께 신기 싫다고 했죠. 그런데 어머니는 이미 사 온 거니까 무조건 신으라고 하셨어요. 낭비하면 안 된다고요. 저는 어머니와 오랫동안 실랑이를 벌였지만, 결국 어쩔 수 없이 그 신발을 신고 학교에 갔습니다. 처음 며칠은 어떻게든 신발을 숨기려고 했어요. 친구들이 볼까 봐 두려웠죠. 그런데 점점 익숙해지더군요. 그 신발을 구멍이 날 때까지 계속 신었습니다."

그는 이야기를 이어갔다. 나중에 그는 부모님과 사회의 기대에 '어울리는' 전공을 선택하고, '어울리는' 여성을 만나 결혼해서 가정을 꾸리고, 고향으로 돌아와 '어울리는' 직장을 구하고, '어울리는'

집과 차를 샀다. 그럼에도 불구하고, 그는 여전히 인생에서 열정과 내면에서 원하는 것이 무엇인지, 그것을 어디에서 찾아야 할지 몰랐다.

그의 이야기를 들으면서 나는 잠시 멍해지면서 많은 사람의 삶을 본 듯한 착각이 들었다. 이 사람을 가두고, 가로막고 있는 것은 삶의 고난이 아니었다. 그를 막고 있는 것은 다름 아닌 '관성'이었다. 마치 그 안에서 사회가 이미 작성해 놓은 한 줄 한 줄의 코드가 실행되는 것처럼 보였다. 그 코드는 어떻게 학교에 다니고, 어떤 전공을 선택하며, 어디에서 일하고, 언제 집과 차를 사고, 결혼하고 자녀를 낳을지까지 규정해 놓았다. 자녀를 어떻게 교육하고, 어떻게 늙어가며, 어떻게 죽을지까지도. 이처럼 잘 돌아가는 프로그램 어딘가에는 '표준화된 인간'이라는 문구가 새겨져 있을 것만 같았다.

왜 그럴까? 아마도 모든 것은 '응답받지 못한 내가 원하는 것'에서 시작되었을 것이다. 어쩌면 이를 심각하게 받아들이지 않았거나, 그것이 위험하다고 느껴서일 수도 있다. 우리가 자신의 감정과 생각, 의지 등을 억누르고 그것이 중요하지 않다고 여길 때, 결국 언젠가는 그 감정들이 아예 인식되지 않게 된다. 그리고 그때, 우리는 그 감정들을 찾을 수 없게 되고, 그와 함께 '자신'도 잃어버리고 만다.

P의 사례를 통해 '무감각증'을 다시 한번 이해할 수 있었다. 내가 그에게 준 답변은 실제로 '자기 삶에 어떤 일이 일어나게 하라는 것'

이었다. 거기에다 우리가 그것을 '느낄 수 있는 능력'을 회복하는 것도 필요하다. 삶에 뿌리내린 그 본능이야말로 내가 '나'라는 확실한 증거이다. '나'가 없으면, 나는 '타인'이 되고, 우리는 타인에게 아무런 감정도 느끼지 못하게 될 것이다. 마치 신화 속 주인공이 익숙한 마을을 떠나 신비로운 어두운 숲으로 들어가 마녀를 만나고, 악령을 물리치며, 보물을 찾아 자신의 전설을 써 내려가는 것처럼 말이다.

신화학자 조셉 캠벨Joseph John Campbell은 현대인의 정신적 위기의 원인을 신화의 핵심과 정서적 연결이 끊어진 데 있다고 말한다. 신화는 단순한 이야기가 아니라, 인간의 심리적 성장과 변화의 과정을 상징적으로 담아낸 것이다. 그런데 우리는 어떻게 신화와의 연결을 잃어버리게 된 걸까? 이를테면, 어떤 친구가 검은 숲으로 들어간다고 해 보자. 그런데 그가 손에 지도를 들고 있고, 숲에 어떤 요괴들이 있으며, 그들이 어떤 속임수를 쓰는지도 이미 알고 있다면, 그는 사랑이든 인생이든, 그 모든 것을 미리 예측 가능한 일로 여길 것이다. 그 순간, 신화는 더 이상 살아 있는 이야기가 되지 못한다.

이처럼 왜 스포일러를 당한 걸까? 우리가 사는 이 시대는 모든 신비로운 것들을 '탈마법화'하여 이성과 규칙, 의무로 복원했기 때문이다. 그러나 이 신비로움이야말로 인생 이야기에서 가장 중요한 요소이다. 또한 우리는 무엇이 됐든 경험하기를 너무 두려워해서 미리 자신을 위한 인생 전략을 찾아냈기 때문일지도 모른다. 하지만 그

전략이 이 여정에서 가장 필요한 신비로움과 모험을 없애 버린다는 사실을 아직 깨닫지 못하고 있다.

사랑에 대해 생각해 보자. 예전에는 이성과 만나서 천천히 두 사람의 만남과 결합을 경험하고, 가정을 꾸려 함께 세월의 침식을 버터내는 것이 신비롭고 낭만적인 일이었다. 그런데 이런 신비로움을 잃어버리면 성과 사랑은 단순한 기술적인 문제가 되고, 가정을 꾸리는 일도 고된 노동으로 변할 것이다. 그래서 의외로 많은 사람이 결혼을 꺼리는지도 모른다.

그런데 정말로 스포일러가 가능할까? 친밀한 관계, 영화나 예능 프로그램, 또는 이전 세대의 경험을 통해 본 것들이 과연 우리의 직접적인 경험을 대신할 수 있을까? '삶의 감정과 의미'는 결코 행동이나 사건으로 간단히 정의될 수 없다. 그것은 절대 스포일러가 될 수 없다. 사랑이든 고통이든, 오직 그 안에 깊이 몰입한 사람만이 그것을 제대로 느낄 수 있다. 이것이 우리가 몰입을 통해 얻는 보상이며, 전설적인 여정에서 얻는 진정한 보물이다.

조셉 캠벨은 "우리가 인생의 의미를 물을 때, 실제로 묻고 있는 것은 우리가 겪은 가장 깊은 경험이 무엇인지를 묻는 것이다."라고 말했다.

이런 깊은 인생 경험이 바로 '인생의 의미'다. 어떤 경험이든 결국 그것이 우리 삶을 이끌어가고, 우리가 왜 살아가는지를 알려 줄 것이다.

"모든 것이 엉망인데 정확히 무엇이 문제인지 모르겠어요."

겉보기에는 삶에 문제가 없는데, 아무 이유 없이 어디선가 계속해서 어긋나는 느낌이 들고, 노력해서 바꾸고 싶지만 쉽게 벗어나지 못할 때가 있습니다. 이럴 때 어떻게 하면 좋을지 다음의 독자 편지에서 몇 가지 해답을 찾아보세요.

한동안 저는 심리 상담을 '증상'을 치료하는 좋은 방법으로 여겼습니다. 장기 상담과 단기 상담으로 나눠서 두세 명의 상담사를 만났고, 그래서인지 심리 상담사를 이상적인 직업으로 여기기도 했습니다. 하지만 매번 상담실에 앉아서 기본적인 정보를 얘기하고 나면 상담사는 이렇게 시작하곤 하더라고요.

"당신의 문제가 무엇인가요?"

그럴 때마다 약간 당황하곤 했습니다. 사실 무엇이 문제인지 저도 잘 모릅니다. 무척 고통스러우니 상담사를 찾아갔겠죠. 물론 이 고통은 제 삶에서 비롯된 것이고요. 절 여기까지 데리고 온 것도 바로 그 고통이고요. 하지만 딱 꼬집어 이야기하라고 하면 제 문제가 무엇인지 정말 모르겠습니다.

"그렇다면, 당신이 이곳에 온 이유는 무엇일까요? 어떤 걸 해결하고 싶으세요?"

상담사가 친절한 말투로 다시 물어봅니다. 무엇이 문제일까? 저는 모르겠습니다. 사실 '문제가 없다'라고 말해도 될 정도로 겉보기에는 모든 것이 그럭저럭 괜찮습니다. 누구에게나 이런저런 소소한 걱정거리는 있기 마련이니까요. 그러니 큰 문제는 없습니다. 좀 버티다 보면 지나갈 거예요. 그럼 제가 상담실에 앉아 있을 이유가 없어야 하는데, 대체 이건 무슨 상황일까요?

한편으로는 모든 것이 문제라고 말하고 싶기도 합니다. 인간관계, 공부, 일상생활, 세상을 바라보는 방식, 어려움을 대하는 자세, 살아가는 방법 등 모든 것이 어딘가 잘못된 것 같아요. 그러나 어디가 문제인지 말로 표현할 수가 없습니다. 그저 고통스러울 뿐이에요. 그래서 저는 상담사가 공감할 수 있을 만한 '문제'를 이야기하곤 합니다. 예를 들면, 미루는 습관이라든가 서툰 인간관계라든가, 낮은 자존감 같은 것들이죠. 그리고 대화 속에서 상담사가 제가 찾지 못한 근본적인 문제를 발견해 주길 바랍니다.

저는 계속해서 엉망인 제 삶을 설명할 방법을 찾고 있습니다. 그 설명을 통해 해결책을 찾고, 모든 것이 나아지길 간절히 바라면서요.

저는 자신에게 너무 가혹하고 자신을 부정하는 데 익숙하며, 절대 만족하지 못해요. 항상 제가 부족하다고 생각하죠. 이건 완벽주의겠죠. 제 생활 방식이 불규칙한 건 자제력의 문제겠죠. 저는 어려움을 마주할 때마다 항상 소설이나 영화 같은 가상 세계로 도피해 현실을 외면하고, 과제나 일을 미루고 미루다가 마지막 날에야 완성하곤 합니다. 아니면 결국 완성하지 못하거나요. 이건 미루는 습관 때문일까요?

많은 문제를 찾아냈지만, 그 어느 것도 해결되지 않았습니다. 한창 성격유형 분석이 유행하면서 갑자기 제 성격이 문제인가 하는 생각이 들기도 했습니다.

'이건 네 성격 문제야. 넌 INFP(내향, 직관, 감정, 인식형)니까, 약도 없지. 현실을 직시하고 강점을 발휘해야 해.'

그럼 제 강점은 무엇일까요? 저도 잘 모르겠습니다. 많은 시도를 해 보지는 못했습니다. 시도했더라도 아주 잠깐 노력했다가 그만두는 경우가 대부분이었죠. 그럼 결국 제 실행력이 모든 문제의 근원인 걸까요? 만약 강력한 실행력이 있었다면 모든 것이 다 괜찮아졌을까요? 그래서 저는 빡빡하게 계획을 세우고 하나씩 효율적으로 처리해 봤어요. 첫날은 매우 기뻤고, 둘째 날은 오후에 조금 피곤하더라고요. 그날의 할 일을 다 마치지 못해서 우울하기도 했고요. 셋째 날부터 미루는 습관이 고개를 들기 시작했고, 결국 그날의 과제는 하나도 완수하지 못했습니다. 넷째 날, 이렇게 하는 게 무슨 의미가 있는지 고민하기 시작했죠.

'내 삶이 그저 도장 깨기처럼 끊임없이 할 일을 끝내는 과정인가?

이런 재미없는 일들이 계속된다면 삶에 무슨 의미가 있는 거지?'

의미! 그러고 보니 저는 가치, 즉 삶의 이유가 부족한 것 같아요. 꿈을 위한 이유가 부족하죠. 그래서 '내 꿈은 무엇일까?', '내가 살아가는 이유는 무엇일까?', '삶의 의미는 무엇일까?' 같은 질문에 오랜 시간 머물러 있었습니다. 물론 그 질문의 답은 찾을 수 없었어요. 실제로 지금도 작심삼일로 일상을 보내고 있습니다.

최근 어떤 글을 읽고 새로운 깨달음을 얻었어요. 제 문제는 '가치'와 '의미'에 대한 집착에 있다는 것을요. 또한 삶의 의미는 다른 곳에 있는 게 아니라 바로 '현재'에 있다는 것을요. 이제부터 지금 이 순간을 살면서 단순한 작은 일들에 집중해야겠다고 결심했습니다. 이번에는 도움이 되길 바랄 뿐입니다.

선생님이 보시기에 제 문제는 무엇일까요? 아마도 어떻게 시작하는지의 문제일지도 모르겠습니다.

평안을 기원합니다.

심리 솔루션

고인 물에서 벗어나기

먼저 사과부터 해야겠어요. 당신의 편지를 읽다가 저도 모르게 웃고 말았거든요. 지금 당신은 몹시 힘들 텐데, 고민을 들어줘야 할 사람이 이렇게 공감 능력이 부족하다니, 참 걱정이네요.

그런데 제가 웃은 이유는 당신 또래의 여성들이 대체로 무엇을 하고 있는지 떠올랐기 때문이에요. 그들은 아이돌을 좋아하고, 드라마를 보고, 가십거리에 흥미를 느끼고, 연애도 하고, 인생 네 컷을 찍고, 열심히 자신을 꾸밉니다. 유행을 따르는 것은 좀 가벼워 보일 수 있지만 적어도 소박한 즐거움은 선사합니다. 그들은 경쾌하고 생기 넘치죠. 철없이 보내는 청춘기가 없다면 어떻게 성숙해질 수 있겠어요?

그런데 당신은 조금 다르네요. 그런 것들에 별로 관심이 없어 보여요. 어쩌면 유행을 따르는 것이 진부하다고 생각할지도 모르겠어요. 그런데 사실 당신도 유행을 따르고 있어요. 다만 그 유행이 '심리적 문제'라는 것뿐이죠. '미루는 습관', '서툰 인간관계', '자존감 결핍', '완벽주의' 같은 것들요. 여기에 'INFP'라는 성격 유형 분석까지 더해졌네요. 당신은 심리학에서 다루는 모든 문제를 하나씩 자신에게 적용하고, 그것이 자신에게 들어맞는지 확인하고 있는 것처럼 보입니다.

저는 당신이 자신의 고통에 이름을 붙이고 싶어 한다는 걸 이해해요. 마치 어둠 속에서 '보이지 않는 적'과 싸우고 있는 전사 같아요. 사방에 적이 있다고 느끼지만, 정작 그 모습을 볼 수는 없는 거죠. 아무리 뛰어난 검술과 강한 힘을 가졌다 해도, 보이지 않는 적을 향해 휘두르는 검은 결국 허공을 가를 뿐이니까요.

전사에게 이보다 더 무력한 일이 있을까요? 당신이 '내 문제는 도대체 뭘까?'라고 묻는 모습이, 마치 적을 향해 '어서 나타나! 이 답답한 싸움을 끝내자!'라고 외치는 것처럼 들립니다. 싸움에서 패배하는 것보다, 정작 누구와 싸워야 하는지도 모른 채 허망하게 무너지는 게 더 두려운 것이겠죠.

제가 당신의 '문제'에 이름을 붙인다면, '가벼운 우울감'이 가장 적절할 것 같습니다. 많은 사람이 우울증을 헤어 나오기 힘든 깊은 고통으로만 생각하지만, 사실 꼭 그렇지마는 않아요. 가벼운 우울감은 좋지도 나쁘지도 않고, 행복하지도 고통스럽지도 않은, 바꾸고 싶지만 어디서부터 시작해야 할지 모르는 일종의 '답답한' 상태에 가깝습니다.

"우울증이라고요? 특별히 일어난 일도 없었는데요?"

별일도 없었는데 자신이 우울증이라는 게 믿기지 않을 수 있습니다. 문제는 바로 '아무 일도 일어나지 않는 것'일 수 있습니다. 지금까지 순탄하게 살아왔을 거예요. 성적이 아주 뛰어나진 않지만 나쁘지도 않고, 전공이 아주 마음에 들지는 않지만 싫지도 않으며, 주변 사람들과의 관계도 아주 친밀하지는 않지만 고립되지도 않았을 겁니다. 무언가 반항하고 싶어도 반항할 대상이 없었던 거죠. 당신의 삶은 마치 고인 물과 같고, 당신이 생각할 수 있는 변화는 그저 학업 계획을 더 완벽하게 만드는 것뿐이었을 거예요. 그래서 매번 작심삼일에 그치고 미루는 습관에 길들여졌을 수도 있습니다.

고인 물이 썩지 않으려면 계속해서 흐르는 물을 공급해야 합니다. 당신의 삶도 마찬가지예요. 특히 젊은 지금, 이 순간 무언가가 일어나야 합니다. 머릿속에서만 의미를 찾으려 하기보다, 마음에 각인될 기쁨과 슬픔을 직접 경험하는 것이야말로 삶에 진정한 의미를 부여합니다.

어디서 봤는지 정확히 기억나지는 않지만 완전한 인간은 '야성野性, 인성人性, 신성神性'의 세 가지 성향을 지녀야 한다고 합니다. 야성은 영화 〈타잔〉 속 타잔이 숲속을 자유롭게 달리고 먹잇감을 사냥하는 것처럼, 거칠고 본능적이며 욕망으로 가득 차 있습니다. 신성은 모차르트가 죽기 전에 〈레퀴엠Requiem〉을 작곡했던 것처럼 창조적이고 집중적이며, 이타적이고 헌신적입니다. 그리고 인성만이 사회에 적응하기 위해 발전한 성향입니다. 규칙을 따르고, 체면을 차리며, 앞뒤를 재고, 계산적인 모습을 보이죠. 그러면서 야성도 억누르고, 신성도 억눌러 버립니다.

이렇게 고도로 발달한 문명사회에서 사람들은 대개 지루함을 느낍니다. 마치 숲에서 나무를 타던 타잔이 인간 세계로 돌아와 턱시도를 입고, 사회의 기대에 맞춰 살아가며, 점점 숲에서의 기억을 잊어가는 것처럼 말이죠. 당신의 우울함은 어쩌면 자기 안의 야성과 신성이 자신들의 존재를 잊어버리지 말라고 경고하는 것인지도 모릅니다.

만약 문제를 어디서부터 찾아야 할지 모르겠다면, '문제를 만들어 보는 것'도 좋습니다. 여행을 가거나 새로운 사람을 만나 연애를 하고, 마음껏 불평해 보고, 한계를 시험하며 극단적인 상황까지 가 보고, 크게 웃거나 울고, 상상도 못 했던 일에 도전해 보세요. 그 과정에서 새로운 자신을 발견하세요. 법을 어기거나 규율을 어기지 않는 한, 두려워할 필요는 없습니다. 내면의 평화는 이런 시련을 겪고 나서야 비로소 얻을 수 있거든요. 추이젠^{崔健} 선생님의 노래 가사처럼 말이죠.

"빨리 나를 울게 해 줘, 빨리 나를 웃게 해 줘, 눈밭에서 마음껏 뛰어놀게 해 줘.
빨리 나를 울게 해 줘, 빨리 나를 웃게 해 줘, 왜냐하면 내 문제는 아무 감정이 없다는 거거든!"

사실 당신의 병은 바로 '무감각하다'는 것입니다. 행복을 기원합니다!

"나는 어떤 사람일까요?"

우리는 상처를 입지 않기 위해 의식적으로 인생의 문제를 회피하곤 합니다. 덕분에 삶은 평화로운 듯하지만, 한편으로는 지루하기만 하죠. 다음의 독자 편지는 삶의 어려움을 피하려 할수록, 그 안에 깃든 기쁨과 의미 또한 놓치게 된다는 사실을 일깨워 줍니다.

저는 올해 스물여섯입니다. 어릴 때부터 화목하고 안정적인 가정에서 자랐습니다. 부모님 관계도 좋고 남매 사이도 돈독하며, 집안 분위기가 편안하고 여유롭습니다. 부모님은 저에게 무엇을 강요한 적도, 특별히 기대한 적도 없으셨습니다. 인터넷에서 보는 무서운 부모-자식 관계는 저와 전혀 상관없는 이야기입니다. 저는 지금 작은 사업을 하고 있어서 먹고사는 걱정도 없고, 시간이 날 때마다 가까운 친구들과 만나서 실없는 이야기나 주고받으면서 지내고 있습니다.

문제는, 제가 한 번도 누군가를 사랑해 본 적이 없다는 것입니다. 이성뿐만 아니라 동성에 대해서도 마찬가지입니다. 저는 사회성이 없는 것도 아니고, 어릴 때부터 친구들과도 원만하게 지냈습니다. 동아리나 학생회에서도 활동했고, 대학 시절에는 각종 연설과 토론 대회의 주축

멤버이기도 했습니다. 사교 능력이 탁월하다고 할 수는 없지만 부족하지도 않다고 생각하면서 살았어요.

그러나 단 한 번도 누군가를 사랑해 본 적이 없습니다. 감정적으로 상처를 받은 경험이 있는 것도 아닌데, 애초부터 사랑에 대해 무덤덤했던 것 같습니다. 주변 사람들이 열렬히 사랑하는 모습을 보면 그저 이상하게 느껴졌고, 연인들이 애틋하게 사랑하는 모습도 귀찮다고 생각했습니다. 사랑 때문에 헤어지고 다시 만나는 과정조차도 별 감흥 없이 바라봤습니다.

그렇다고 이성에 대한 호감이 전혀 없는 것은 아닙니다. 하지만 하루가 지나면 그 감정은 거의 사라집니다. 이성에게 성적 매력을 느끼기도 하지만, 함께 살아가는 모습을 상상해 본 적은 단 한 번도 없습니다. 누군가를 만나고 싶다는 생각도 들지 않으며, 약속을 잡아도 자주 미루곤 합니다. 대학 시절 한 여학생에게 고백했다가 거절당한 적이 있는데, 그 순간 오히려 마음이 편안해졌던 기억이 납니다.

저는 누구를 사랑해 본 적도 없을 뿐만 아니라, 삶 그 자체에도 무감각합니다. 저를 아는 사람들은 저를 매우 책임감 있는 사람이라고 생각합니다. 그러나 그건 제가 책임감이 강해서가 아니라, 제대로 처리하지 않으면 곤란한 상황이 생길 수도 있기 때문이에요. 저는 노래 부르는 것을 좋아하는데, 이 편지를 쓰면서 벌써 반년 동안이나 노래방에 가지 않았다는 사실을 깨달았습니다. 꿈도 없고, 꼭 해 보고 싶은 일도 없으며, 인생의 목표도 없습니다. 삶에 특별한 의미가 있다고도 느껴지지 않습니다.

이런 감정은 너무 순조로운 인생 때문일까요?

저는 가정폭력도, 부모님의 압박도 경험한 적이 없습니다. 부모님이 저에게 큰 기대를 걸었던 적도 없습니다. 학생 시절 성적은 항상 평균 이상이었고, 선생님들 눈에 크게 띄지 않는 평범한 학생이었습니다. 일반 중상위권 대학에 입학해서 평범한 대학 생활을 하고 별다른 일 없이 졸업했습니다. 졸업 후에는 작은 사업을 시작했는데, 대출 부담도 없고 일반 회사처럼 괴롭히는 상사도 없고 치열하게 경쟁해야 하는 직장 동료도 없습니다. 물건을 살 때 가격을 따지지 않고 디자인만 보고 살 정도로 경제적으로도 여유롭습니다.

그런데 이렇게 평온한 인생이 오히려 저를 불안하게 만듭니다. 저는 제가 어떤 사람인지 잘 모르겠습니다. 어느 날 갑자기 인생에 큰 위기가 닥친다면 제가 어떻게 반응할지 모르겠습니다. 무너질 수도 있고 위기를 극복할 수도 있겠지만, 그저 '아, 그런가 보지'라고 반응할 가능성이 더 클 것 같습니다.

저는 심리학을 전공했습니다. 제 얕은 지식으로 판단했을 때, 이러한 상태가 심각한 문제는 아닐지도 모른다고 생각하지만, 정말 문제가 없는 걸까요? 처음으로 이 문제에 대해 두서없이 써 보았는데, 글을 쓰는 동안 기분이 꽤 괜찮아졌습니다. 이런 기회를 주셔서 감사합니다.

44

고통을 피하면 기쁨 또한 놓친다

당신의 편지를 두 번이나 읽었지만, 오탈자나 어색한 문장이 그 어디에도 없었습니다. 이 편지를 읽고 당신의 성격을 상상해 보았습니다. 당신은 항상 예의 바르고 단정한 사람일 겁니다. 다른 사람들 앞에서 감정을 지나치게 드러내지 않으며, 기쁨과 슬픔의 균형을 유지할 것입니다. 인간관계에서도 적당한 거리를 유지하면서도, 선을 넘지는 않겠지요. 당신의 감정과 행동은 처한 상황과 주변의 기대에 맞추어 조율됩니다. 편지에서 묘사한 것처럼 당신의 삶도 순조로웠을 것입니다.

하지만 '예의'란, 종종 거리를 뜻하기도 합니다. 그것은 사람들과의 거리일 수도 있고 삶과의 거리일 수도 있습니다. 보아하니, 이런 거리가 당신을 외롭게 만들지는 않은 것 같습니다. 당신의 삶은 늘 잔잔했겠죠. 그저 상담가로서 이 잔잔함 속에 무엇이 숨겨져 있을지 궁금합니다. 그 때문에 당신이 '사랑'뿐만 아니라 '삶'에도 무감각한 것일까요?

혹, 당신이 묘사한 이 순조로운 인생이 사실이 아니라, 바라는 모습일 수도 있을까요? 혹은 당신의 삶이 실제로는 무겁지만, 그저 무난해보이기를 원하는 것일까요? 혹시 당신은 자신의 성적 취향을 숨기고 있는 건 아닐까요? 아니면 과거에 큰 감정적 상처를 입고 기억을 잃은 건 아닐까요? 그로 인해 오랫동안 힘든 시간을 보내다 심리학을 전공하게 된 것은 아닐까요?(죄송합니다. 요즘 탐정 영화를 너무 많이 봤네요.)

얼마 전 여러 매체에서 다룬 '초식남'이 떠오릅니다. 이 단어는 일본의 일부 남성들이 물질적 욕구나 연애에 대한 관심 없이 단순하고 세련된 삶을 지향하는 현상을 뜻합니다. 결혼이나 연애보다 편안한 인간관계를 선호하며, 경쟁보다는 자신만의 삶을 살아가죠. 전문가들은 이전 세대의 일본 남성들이 너무 힘들게 살았고 힘겹게 버티다 보니 상처를 입게 돼 지금은 '늑대'가 아닌 '양'이 되었고, 고기를 먹지 않고 풀을 먹게 되었다고 분석합니다.

'초식남'은 혈기 넘치는 야망은 없지만, 적어도 타인에게 해를 끼치지는 않습니다. 어쩌면 당신은 중국의 첫 번째 '초식남'일지도 모르겠습니다. 큰 야망을 품지 않거나 연애를 하지 않는 것이 문제는 아니니까요. 사람마다 살아가는 방식이 다르고, 당신이 편하게 느낀다면 그걸로 충분합니다. 하지만 문제는 당신이 그다지 편하지 않다는 것입니다.

우리는 때때로 이성을 속일 수 있지만, 감정을 속이기는 어렵습니다. 당신의 내면 깊숙이 자리한 막연한 두려움은 '내가 어떤 사람인지 모르겠다. 언젠가 삶이 무너질 때, 내가 어떻게 반응할지 모르겠다'는 한마디로 드러났습니다.

두려움 뒤에는 종종 갈망이 숨겨져 있습니다. 당신은 무엇을 두려워하는 걸까요? 또 무엇을 갈망하는 걸까요? 그것이 친밀한 온정일까요? 아니면 자신의 재능을 충분히 발휘하는 것일까요, 혹은 다양한 일을 경험하고 여러 사람과 관계를 맺는 것일까요? 그것도 아니면 지금처럼 아무리 기억을 더듬어도 추억할 만한 이야기가 없는 삶을 두려워하는 것일까요? 사랑 이야기는 물론, 제대로 된 비극조차 없는 그런 삶 말입니다.

어쩌면 당신은 이렇게 반문할지도 모르겠습니다.

"나는 감독이 아닌데, 왜 멋진 인생 이야기가 필요하죠? 특별할 필요는 없잖아요."

하지만 사실 우리 인생은 하나의 이야기이며, 그 이야기 속의 우여곡절이야말로 삶의 의미를 만들어 갑니다. 우리는 먼저 갈망해야 하고, 그다음에 좌절을 경험해야 합니다. 그 좌절 속에서 비로소 진정한 자신을 발견할 수 있죠. 의미는 고난을 겪으며 자라나는 것입니다. 만약 "모든 게 귀찮다, 왜 굳이?"라고 생각한다면, 당신의 삶은 영화 속 'n년 후'라는 자막처럼 무심하게 흘러가 버릴 것입니다. 그리고 시간이 지나 아무리 기억을 더듬어도, 그저 공백으로 남아 있겠지요.

어쩌면 이것이야말로 당신이 진짜 두려워하는 것일 수도 있습니다. 당신은 자신이 어떤 사람인지 모르고, 인생이 무너졌을 때 어떤 반응을 보일지 모르는 것이 두렵다고 했습니다. 그 답은 직접 경험해 보아야만 알 수 있습니다.

저는 우리가 고난의 가치를 과소평가하고 있다고 생각합니다. 삶의 번거로움은 작은 고난의 일부이며, 고난을 경험하지 않으면 더 풍요로워질 수도, 해방감을 느낄 수도 없습니다. 그리고 삶의 번거로움 중 상당 부분은 바로 '사랑'과 관련이 있습니다. 사랑에서 오는 번거로움을 피하면, 사랑이 주는 기쁨 또한 놓치게 될 것입니다.

멀리서 보면 평생 순탄한 삶을 살아온 듯 보이는 사람들도, 자세히 들여다보면 수많은 갈등과 균열, 어쩔 수 없는 상황을 겪으며 살아왔습니다. 우리 삶은 고난과 괴로움으로 가득하지만, 바로 그 속에서 삶의 활력과 의미가 탄생하는 것입니다.

어쩌면 당신이 경험한 순탄함이야말로, 당신에게 닥친 가장 큰 역경일지도 모릅니다. 혹은 지금 겪고 있는 이 고민이야말로, 당신의 삶이 다시 순탄해지기 위한 시작일 수도 있겠지요. 그건 누구도 알 수 없는 일입니다.

건강하시길 바랍니다.

"하루에 적어도 세 번은 죽음을 생각해요."

살아간다는 것은 본래 자연스럽고 아름다운 일입니다. 하지만 어떤 사람들은 늘 살아야 할 이유를 찾으며, 자신을 다독여야 합니다. 지금부터 소개할 글은 한 독자의 편지로, '삶의 의미'에 대해 함께 생각해 보고자 합니다.

저는 성격 좋은 남편과 사랑스러운 두 살 아이와 함께 행복한 가정을 이루고 있습니다. 대학을 졸업한 후 안정적인 직장에서 일하며 평범한 삶을 살아가고 있는 여성입니다. 우울증을 앓고 있지도 않고, 나름대로 꽤 열심히 살고 있습니다. 다만 그렇지 못한 부분은 제 게으름 탓일 뿐입니다.

저는 삶에 대한 호기심이 많아 독서를 즐기고, 전공 외의 학문도 배우며, 게임과 요리를 좋아하고, 강아지도 키우고 있습니다. 친구들도 있지만, 누구에게도 이런 말을 꺼낼 수는 없습니다.

저는 하루하루 잘 살아내기 위해 스스로를 다독이고 있습니다. 매일 제 자신에게 이렇게 말합니다.

'살아야 여러 가지 가능성이 주어진다!'

'인생은 원래 의미가 없어, 인생의 의미는 그 의미를 찾아가는 거야!'

'삶이 재미없다고 느끼는 건 내 시야가 좁고 아는 게 적기 때문이야.'

'부모님이 나를 이만큼 길러 주셨는데, 남편이 나를 위해 이렇게 희생하는데, 아이가 이렇게 어린데, 내가 죽으면 그들은 어떻게 하지?'

'내일은 분명 좋은 일이 생길 거야, 최소한 초콜릿은 여전히 달콤하겠지!'

'나는 이미 행복하게 사는데, 자살할 이유가 전혀 없잖아.'

'죽는 건 고통스럽고 아플 거야.'

'드라마도 아직 다 못 봤는데….'

'살면 사는 거지….'

'이런 생각하지 말자, 당장 다른 걸 생각해…(일할 때도 10초 안에 주의를 돌릴 수 있습니다).'

가끔은 '이 집에서 누가 죽었다고 소문이 나면 남편이 이 집을 처리하기 힘들겠지….' 같은 생각도 합니다. 평균적으로 하루에 적어도 세 번은 자살에 대해 생각합니다. 자살 예방 핫라인이나 웹사이트도 기록해 두었고, 자살 관련 뉴스가 나올 때마다 그들이 참 안타깝고 그러지 말았으면 좋겠다고 느낍니다. 하지만 과속 운전이나 운전 중 일부러 산만해진다거나, 오토바이를 탈 때 브레이크를 함부로 잡는 것 외에는 다른 시도를 해 본 적은 없습니다.

그렇다고 제 일상이 늘 어두운 건 아닙니다. 저는 평소에 유쾌한 편이고, 크게 신경 쓰지 않는 성격입니다. 비상식적인 사람이나 일에도 무덤덤한 편이고, 오히려 그런 것에 신경을 쓰는 게 무슨 의미가 있을까 싶을 때도 많습니다.

저는 '인생은 저 동쪽으로 흐르는 물처럼 영원히 다시 돌아오지 않는다'라는 마음가짐으로 그저 해야 할 일을 하고, 마땅히 할 의무를 다하며 살고 있을 뿐입니다. 하지만 저는 쉽게 우울해지곤 하는데, 우울해지는 이유도 참 희한합니다. 주로 인류가 멸망할 거라는 것, 우주가 결국 열적 평형 상태에 도달할 거라는 것, 방금 먹은 초콜릿이 결국 '똥'으로 변할 거라는 것… 정말 고민거리가 아닌 것들로 심각한 상태에 빠지곤 합니다.

죽음을 생각할 때면, 멋진 사고로 생을 마감하는 걸 상상합니다. 예를 들면, 화산 폭발이나 쓰나미 같은 거요. 하지만 질식사는 싫어요. 그렇지만 결국엔 '그냥 열심히 살자'라는 결론에 도달합니다.

이렇게 잘살아 보려고 노력하는 걸 보니 자살할 생각은 전혀 없는 거겠죠? 가끔 괜히 감성적으로 되는 것뿐일 거예요. 선생님께 답장을 꼭 받고 싶습니다. 하지만 답장을 주지 않으셔도 괜찮습니다. 오늘 저를 설득해야 할 이유가 하나 더 생겼으니까요.

"훌륭한 심리학자에게 상담 이메일을 보냈어. 나는 살기 위해 또 한 발짝 노력한 거야. 아직 답장을 못 받았는데, 죽기는 왜 죽어!"

경험하고, 고통받고, 창조하라

제 주변에도 우울증을 앓고 있는 친구가 있습니다. 마침 제가 심리 상담사라서 그 친구는 종종 저에게 어떻게 하면 좋을지 상담하곤 합니다. 저는 그 친구에게 많은 연구와 실험을 통해 효과가 입증된 몇 가지 심리적 기법을 가르쳐 주려 했습니다. 예를 들면, '일상의 좋은 일들 기록하기', '자신의 부정적인 생각을 인식하고 반박하기' 같은 방법들이죠. 이러한 방법들은 사람들이 좀 더 긍정적으로 살아가도록 돕기 위해 고안된 것들입니다.

친구는 진지하게 시도해 보았지만, 결과는 기대만큼 좋지 않았습니다. 그 친구는 지금도 죽음에 대해 자주 생각해요. 그리고 그런 생각이 들 때면 제게 이렇게 말합니다.

"봐, 내가 그동안 열심히 노력해서 자살 충동을 여러 번 이겨 냈잖아. 이제 좀 쉬고, 한 번쯤은 져도 되는 거 아니야?"

저는 말문이 막혔지만 오랜 침묵 끝에 이렇게 말할 수밖에 없었습니다.

"네가 정말 포기하려고 마음먹었다면 나에게 꼭 미리 말해 줘. 나도 마음의 준비를 해야 하니까."

몇 년 전, 저는 긍정심리학에 관심이 생겨서 '행복 수업'이라는 칼럼을 운영한 적이 있습니다. 이름 그대로 긍정심리학은 인간의 긍정적인 면을 연구하며, '사람은 긍정적이고 행복하게 살아야 한다'라는 가치를 강조해 왔습니다. 하지만 '행복'이 또 하나의 '해야만 하는 것'이 되어 버리면, 오히려 우리를 행복하지 않게 만드는 또 하나의 스트레스로 작용할 수도 있습니다. 마치 내가 행복하지 않은 이유는 '나에게 중요한 결함이나 문제가 있기 때문이야'라고 느낄 수 있게 되는 것이죠.

그러나 행복하지 않다고 해서 반드시 문제가 있는 것은 아닙니다. 우리가 사는 인생이 원래 복잡하고 힘든 것이기 때문입니다. 긍정적인 태도를 보이는 것은 쉬울 수 있지만, 진정한 행복을 느끼는 것은 훨씬 더 어려운 일입니다. 그래서 어떤 사람들은 저에게 묻곤 합니다.

"선생님, 긍정적이지 않으면 안 될까요?"
"행복하지 않으면 안 되나요?"
"열심히 살지 않으면 안 되나요?"

이런 질문을 던지는 사람들이 행복해지고 싶지 않다는 뜻은 아닙니다. 누가 행복해지고 싶지 않겠습니까? 다만 '행복하지 않은 삶'이 그들이 이해하는 진짜 삶의 모습에 더 가까울 뿐입니다. '긍정적으로 살고 싶지 않다'라는 말도 그들이 생각하는 진짜 자신의 모습에 더 가까울 것입니다. 만약 우리가 이 질문들에 대해 '아니, 사람은 긍정적으로 살아야 해'라고만 말한다면 긍정적인 삶도 또 다른 '해야만 하는 것'이 될 뿐입니다.

저는 인간의 '자유의지'와 '선택의 권리'가 긍정적인 삶이나 행복 그 자체보다 더 중요하다고 생각합니다. 그래서 제가 이해하는 긍정적인 삶이란 '해야만 하는 것'이 아니라 '하고 싶은 것'입니다. 그것은 언제나 선택의 문제이며, 여전히 매우 어려운 선택이기도 합니다.

저도 어렸을 때 죽음에 대해 생각해 본 적이 있습니다. 특히 좌절할 때 그런 생각이 더 자주 들었죠. 하지만 돌이켜보면, 대부분 그냥 막연한 상상에 가까웠던 것 같습니다.

'가장 좋은 죽음의 방법은 무엇일까, 역시 세계 종말이 최고군. 그럼 모두가 공평하니까. 무엇보다 '죽음을 선택했다'라는 책임을 지지 않아도 되니까.'

조금 더 나이를 먹으니 죽음에 대한 생각은 덜 들지만, 가끔은 '인생이 이렇게 버거운데 그냥 삶을 포기하는 게 낫지 않나'라는 생각이 스치듯 떠오르기도 합니다.

그런데 왜 삶을 포기하지 않았을까요? 그 이유는 아마도 당신이 자신을 설득하는 이유와 크게 다르지 않을 것입니다. 부모님, 친척, 그리고 자녀들. 저 역시 비슷한 이유로 버텨 왔지만, 한편으로는 조금 다르기도 합니다. 그것은 단순한 관념이 아니라 삶의 감각으로 자리 잡고 있기 때문입니다. 중요한 것은 제가 이 진리를 알고 있다는 것이 아니라, 그것을 느낄 수 있다는 것입니다.

제 딸은 올해 두 살이 되었습니다. 이 글을 쓰고 있을 때, 딸은 큰 눈을 반짝이며 뒤뚱뒤뚱 걸으며 책상 모서리를 돌아서 제 다리를 꼭 껴안았습니다. 그리고 작은 머리를 제 다리에 파묻고는 '아빠'라고 부르더군요. 제 아내는 대학 시절 동창으로, 함께 힘든 시간을 버텨내며 이제야 겨우 가정의 모습을 조금씩 이루어 가고 있습니다. 그녀는 제가 내린 모든 잘못된 결정의 무게를 함께 나누어 짊어졌습니다. 제 내담자들은 저를 신뢰하며 매주 기꺼이 상담을 받고, 삶의 고민을 제게 털어놓습니다. 그리고 당신과 같은 몇몇 독자들은 제게 편지를 보내주고, 제 글을 읽어 줍니다. 저는 진심으로 그들이 잘 지내기를 바랍니다.

이 모든 것이 제 존재 가치를 느끼게 해 줍니다. 그러니 포기할 이유가 어디 있겠습니까?

어쩌면 '인생은 의미가 없다'는 당신의 직관이 맞을지도 모릅니다. 저 역시 가끔은 그런 의문을 품으니까요. 하지만 당신이 누군가와 연결되어 있는 한, 당신은 무언가를 믿을 이유가 생길 겁니다. 당신은 혼자가 아니니까요.

유명한 심리학자이자 철학자인 윌리엄 제임스^{William James} 역시 젊은 시절, 자주 죽음을 떠올렸습니다. 그는 깊은 철학적 고민 속에서 우울을 극복하려 애썼습니다. 어느 추운 겨울, 그는 자신에게 이렇게 말합니다.

"나는 자유의지를 좋아하고, 독창적인 행동을 좋아한다. 나는 세상이 우리를 바라보고 우리를 위해 모든 결정을 내려 주기를 가만히 기다리지 않을 것이다. 자살은 내 용기를 보여 주는 가장 남자다운 방법처럼 보였다. 이제 나는 내 의지에 따라 한 걸음 더 나아갈 것이다. 그리고 이 의지로 행동할 뿐만 아니라 그것을 믿고, 나 자신의 진정성과 창의성을 믿을 것이다. [⋯] 삶은 경험하고, 고통받고, 창조해야 한다.”

이것은 ‘자유의지’에 대한 윌리엄 제임스의 당당한 선언이었습니다. 그러나 결국 그를 우울증에서 구해 낸 것은 철학적 이념이 아니라 ‘사람’이었습니다. 사람들과의 교류를 통해 철학적 자기반성에서 벗어날 수 있었습니다.

34세가 되었을 때 그는 결혼했습니다. 그리고 안정된 관계에서 이전에 느껴 본 적이 없었던 평온함을 찾았습니다. 제임스는 평범하고 지루한 삶뿐만 아니라, 균형을 맞추기 위해 야성적이고 원초적인 것이 필요하다고 말했습니다. 그렇지 않으면 사람들은 쉽게 허무에 빠지거나, 삶의 의미에 대한 끝없는 의문 속에서 헤맬 수밖에 없을 것이라고 보았죠. 제가 생각하기에 그 야성적이고 원초적인 것이란 바로 감정적인 것, 즉 우리가 실제로 느끼고 직접 접촉해야 하는 것으로 생각합니다.

당신이 말한 ‘인생은 저 동쪽으로 흐르는 물처럼 영원히 다시 돌아오지 않는다’는 느낌은 사실 부처님도 품으셨던 감정입니다. 하지만 당신은 이 생각에서 허무함만을 보고 우울해졌지만, 부처님은 그 안에서 풍요로움과 해탈을 보셨습니다.

틱낫한Thich Nhat Hanh 스님이 쓴 부처님의 전기『붓다처럼』을 보면 이런 장면이 나옵니다. 부처님이 나이가 들어 얼굴에는 주름이 깊어지고 다리 근육도 쇠약해진 상태에서 3개월 뒤에 열반에 들기로 결심한 후, 마지막으로 아난다와 함께 영취산에 오릅니다. 산기슭에서 저물어 가는 석양을 바라보며 부처님은 이렇게 말합니다.

"아난다야, 이 영취산이 얼마나 아름다운지 보아라!"

비록 석양은 잠깐 머물다 사라지지만 그 순간의 아름다움은 없어지지 않습니다. 믿기 어렵다면 직접 산에 올라 석양을 감상해 보세요. 인생의 가장 원초적인 아름다움을 느낄 수 있을 거예요.

진심으로 행복하시길 바랍니다!

생각과 실천

○ 지금 당장 따라 해 보기

1. 옛날에 살던 곳 찾아가기

태어나서 지금까지 어디에서 살았는가? 그곳은 당신의 어떤 세월을 담고 있는가?

과거의 삶과 연결될 때 우리는 종종 새로운 의미를 찾을 수 있다. 오래전 살았던 곳을 다시 찾아가 보자. 그곳에서 지나온 시간을 되돌아보며 중요한 기억들을 떠올려 보자. 내가 어디에서 왔는지를 아는 것은, 어쩌면 내가 어디로 가고 싶은지를 이해하는 데 도움이 될 수 있다.

2. 자신의 묘비명을 써 보자

인생의 마지막 순간에 다다랐다고 생각해 보자. 기쁨과 고통이 공존했던 삶, 그러나 후회도 미련도 없는 길을 걸어왔다면, 당신은 어떤 사람으로 기억되고 싶은가?

이제 자신의 묘비명을 써 보자. 나의 일생을 요약하고, 소중히 여긴 가치와 가장 이루고 싶었던 인생의 의미를 정리해 보자. 당신은 어떤 일생을 보냈기를 바라는가?

"여기 ○○○가 잠들다. 그는 이러한 삶을 살았다!"

3. 석양을 감상하자

우리가 인생의 의미를 느끼지 못하는 이유는 생각과 이성의 틀 안에서, 철근과 콘크리트로 둘러싸인 도시에 갇혀 자연과의 연결을 잃어버렸기 때문이다.

이제 자연으로 돌아가 보자. 공원, 강가, 산 어디든 좋다. 중요한 것은 도시의 경계를 넘어 탁 트인 시야를 마주하는 것이다. 그리고 천천히 저무는 석양을 바라보자. 그 순간, 생명의 아름다움과 덧없음을 더 깊이 이해하며, 삶의 본질을 재발견할 수 있을 것이다.

。당신에게 묻고 싶은 질문

(1) 지금까지 살아오며 가장 기뻤던 순간과 가장 슬펐던 순간은 언제였는가?

(2) 당신이 가장 소중하게 여기는 시기는 언제인가?

(3) 지금까지 해 온 일 중, 가장 용기 있었던 순간은 언제였는가?

(4) 인생에서 가장 충만하고 의미 있다고 느꼈던 순간은 언제인가?

(5) 생의 마지막에, 이 세상에 어떤 흔적을 남기고 싶은가?

。스스로에게 던지는 질문

(1) 과거에 어려움을 극복한 적이 있다면, 지금 비슷한 어려움을 겪고 있는 사람에게 어떤 말을 해 주고 싶은가?

(2) 내가 소설 속 인물이 될 수 있다면, 누구로 살고 싶은가? 그리고 그 이유는 무엇인가?

(3) 만약 인생이 퍼즐이라면, 내가 완성하고 싶은 그림은 무엇인가? 그리고 지금 나는 그 그림 속 어디쯤 와 있는가?

(4) 인생을 하나의 여정이라고 본다면, 지금까지 걸어온 길을 어떻게 평가할 수 있을까? 그리고 앞으로 어떤 여정을 꿈꾸는가?

(5) 내가 하는 일은 인류의 역사 속에서 어떤 의미를 가질 수 있을까?

2장

결핍에서 오는 불안

세상에는 '풍족함'이라는 자연법칙이
우주 전체를 관통하고 있다.
하지만 우리는 '무언가 부족하다'는 거짓말의 문턱을
넘어서지 못하고 있다.
_폴 자이터(Paul Zeaiter)

하늘의 도는 남는 것을 덜어 부족한 곳에 주지만,
사람의 도는 그 같지 않아서 부족한 것에서
덜어내 남는 곳을 채운다.
_노자(老子)

사랑의 결핍이 외로움을 키운다

모든 결핍 중에서 '사랑'은 가장 기본적이면서도 가장 특별하다. 사랑이 있으면 다른 결핍은 어느 정도 해소될 수 있다. 그러나 사랑이 없으면 돈과 시간의 결핍이 우리를 짓누를 수 있다. 사랑을 잃어버리면 세상과의 중요한 연결 고리도 잃어버린다.

돈과 시간의 결핍은 결국 사랑의 결핍에서 비롯된다. 아기들은 쌀죽과 분유, 시골과 대도시, 기숙사와 호화로운 별장의 차이를 모른다. 그들에게 세상은 단순하다. 배가 고프거나 목이 마를 때 누군가 그것을 채워주는지, 필요할 때 따뜻하게 안아주는 사람이 곁에 있는지 그것이 전부다. 그러나 만약 양육자가 당장 내일 아기에게 먹일 분유조차 걱정해야 하는 상황이라면, 아이의 감정까지 돌볼 여유는 줄어들 수밖에 없다. 결국 정서적 보살핌이 부족한 아이는 세상이 차갑고 불완전한 곳으로 인식하며 성장하게 된다.

사랑의 결핍은 우리를 외롭게 만들고, 자신의 존재 가치와 삶의 의미까지 의심하게 만든다. 외로운 사람들은 쓸쓸함을 달래기 위해 때때로 짧고 불안정한 관계를 추구하기도 한다. 좋은 사람을 만나더라도 건강한 관계를 오랫동안 유지하는 것이 쉽지 않다. 혹시라도 관계가 끝나 버릴까 봐 상대의 비위를 맞추며 자신의 욕구를 억누르고, 감정을 솔직하게 표현하지 못한다. 하지만 그렇게 참고만 있다 보면 결국 불만이 터져 나오게 마련이다. 가까운 관계일수록 이런 과정이 반복되며, 끝내 관계는 흔들리고 무너진다. 그리고 다시 깊은 외로움 속으로 빠져든다.

얼마 전, 한 독자로부터 편지 한 통을 받았다.

저는 사랑받고 싶은 마음이 극단적인 집착으로 변해 버렸습니다. 스스로도 이해할 수 없을 정도로요. 저와 아무 상관 없는 상황에서도 누군가가 '만나서 반가워'라든가, '언제나 지켜 줄게' 같은 말을 건네면 주체할 수 없이 눈물이 흐릅니다. 반면, 아무도 저에게 그런 말을 해 주지 않으면 깊은 우울감에 빠지곤 합니다. 저는 사람들과의 접촉에 그야말로 목말라 있어서, 심지어 괴롭힘조차 거부하지 않을 정도입니다. 미용실에서 머리를 감겨줄 때나 점쟁이가 제 손을 잡을 때조차 설렘을 느낄 만큼요.

그런데도 저는 먼저 다가가지 못합니다. 하지만 제가 좋아하지 않는 사람이라도 '좋아한다'는 말을 건네면 그 감정을 그대로 받아들이곤 합니다. 문제는 그때부터 시작됩니다. 상대에게 기대면서도 동시에 그를 의심하고, 결코 만족하지 못하는 제 자신을 발견합니다. 심지어 사랑하지도 않는 사람을 붙잡기 위해 제삼자(내연녀)의 역할도 마다하지 않습니다. 배신과 수모를 견디고, 심지어 제 자신의 성향까지 왜곡하면서요. 하지만 그런 관계는 언제나 지쳐서 끝이 나고, 남는 건 허탈감뿐입니다.

가장 힘든 것은, 정작 제가 아끼는 친구들에게는 오히려 더 부정적인 태도를 보인다는 점입니다. 게으름을 부리고, 짜증을 내고, 감정이 오락가락하다가 결국 눈물로 용서를 구하는 악순환을 반복합니다. 친구는 그런 저에게 우정 어린 애정을 표현하지만, 저는 한 번도 그 마음을 온전히 믿어본 적이 없습니다. 친구에게 지나치게 의존하면서도 친구 주변의 모든 사람을 질투하고, 심지어 친구의 뛰어남과 선함마저도 질투합니다.

이런 비열한 마음이 올라올 때마다, 저는 스스로에게 묻습니다. 과연 나는 앞으로 누군가를 제대로 사랑할 수 있을까? 그리고 사랑받을 수 있을까?

결핍이 또 다른 결핍을 낳는다

'가난이 판단력을 떨어뜨리는가?'라는 질문에 한 네티즌이 자신의 경험을 공유했다.

그는 어린 시절부터 가난 속에서 자랐다. 부모님이 차례로 세상을 떠난 후, 가족이라곤 형과 동생뿐이었다. 대학 학비는 친척들과 막 사회에 진출한 형의 도움으로 해결했지만, 생활비는 스스로 벌어야 했다. 과외와 글쓰기로 생계를 어렵게 이어가던 그는 결국 영화감독이 되고자 했던 꿈을 포기하고, 돈을 벌기 위해 일찍이 생활 전선에 뛰어들었다.

더 많은 돈을 벌기 위해 그는 단기적인 이익에 집중할 수밖에 없었다. 연봉이 조금이라도 높은 곳이 있으면 망설임 없이 이직하며 여러 인터넷 회사를 전전했다.

"당시에는 어떤 회사든 제시하는 연봉이 이전보다 10만 원이든 20만 원이든 높기만 하면 고민 없이 바로 옮겼어요. 제게 중요한 건 가난을 견딜 수 있느냐의 문제가 아니라, 단 2만 원이라도 더 버는 것이었으니까요."

그러나 잦은 이직은 오히려 그를 가난에서 벗어나지 못하게 만들었다. 조금만 더 참고 버텼더라면, 그의 손에 들어왔을 기회들이었다. 그가 몸담았던 몇몇 회사는 상장하거나 대기업에 인수되었고, 만약 그가 조금만 더 머물렀다면 스톡옵션을 통해 억대의 자산을 형성할 수도 있었다. 하지만 그에게 기다림은 사치였다.

세월이 흐른 뒤, 그는 자신의 삶을 이렇게 돌아봤다.

"지난 40년을 전쟁에 비유한다면, 저는 늘 식량이 부족한 군대에 속해 있었던 것 같아요. 정규군이 될 수도, 장기적인 전략을 세울 수도 없었죠. 그저 순간의 필요를 해결하기 위해 허덕이는 떠돌이 군인이었어요."

그의 삶을 모두 알 수는 없지만, 사회에서 인정받기 위해 얼마나 치열하게 노력했는지는 분명하다. 그러나 그토록 애쓴 사람마저 젊은 날의 가난에서 자유로울 수 없었다는 사실은 그저 안타깝기만 하다.

가난은 어떻게 결핍을 가져오는 걸까? 대부분의 결핍은 '불안'에서 시작된다. 이 '불안'은 마음속 깊은 곳에 자리 잡고 지워지지 않는 흔적을 남긴다. 만약 우리 뇌에 결핍을 알리는 경보기가 있다면 어린 시절의 결핍은 그 경보기를 민감하게 만든다. 현재의 결핍뿐만 아니라 미래에 대한 불안이나 상상 속의 부족함조차도 경보를 울리게 하며, 이는 뇌를 혼란에 빠뜨린다. 뇌는 이런 비상사태에 대응하기 위해 전력을 다하지만, 종종 불길에 휩싸인 쓰레기통을 끊임없이 처리하는 것과 같은 상황에 놓인다. 시간이 흐를수록 뇌의 '소방대' 는 극도로 지치고, 사람 역시 집중력을 잃어서 미래를 계획하는 데 어려움을 겪는다.

또한 결핍은 우리의 주의력을 사로잡는다. 1년 내내 배부른 사람은 가끔 한 끼 정도 굶는 것을 다이어트로 받아들일 수 있지만, 늘 배고픈 사람에게 굶주림은 생존의 문제이며, 온 신경이 음식을 찾는 데 집중될 수밖에 없다. 마찬가지로 가난한 사람에게는 돈을 버는 일 외에는 다른 어떤 것에도 마음을 쓸 여유가 없다.

하버드대학교 경제학과 센딜 멀레이너선Sendhil Mullainathan 교수와 프린스턴대학교 심리학과 엘다 샤퍼Eldar Shafir 교수는 저서 『결핍의 경제학Scarcity』에서 장기적인 자원의 결핍이 뇌의 모든 주의력을 '결핍된 자원'에만 집중하게 만든다고 지적했다. 즉, 결핍이 우리의 사고방식을 지배한다는 것이다.

어떤 자원이 부족하면 사람들은 그것에 집착하게 되고, 그 결과 합리적인 의사 결정을 내리는 데 필요한 인지 자원을 잃게 된다. 그들은 이를 '대역폭'이라고 부르며, 대역폭이 부족할수록 사람들은 현재의 이익에만 몰두하게 되고, 장기적인 이익을 고려할 여력이 줄어든다고 설명한다. 예를 들어, 가난한 사람은 당장의 생계를 유지하기 위해 모든 선택에서 신중할 수밖에 없다. 하지만 그로 인해 장기적인 투자나 자기계발을 고려할 여유는 점점 사라진다. 마찬가지로, 과도하게 바쁜 사람은 마감일을 맞추기 위해 급한 일에 끌려다니다가, 정작 더 중요한 일에는 시간을 할애하지 못한다.

따라서 결핍은 단순한 경제적 상태가 아니라, 우리의 사고방식과 행동을 형성하는 심리적 패턴이기도 하다. 이 심리적 패턴의 핵심은 결핍에서 벗어나려는 간절한 욕망이 오히려 더 큰 불안을 유발하고, 그로 인해 합리적이고 장기적인 계획을 세울 능력을 저해한다는 점이다. 하지만 역설적이게도 그 능력만이 원래의 결핍 문제를 해결할 수 있는 가장 효과적인 방법일지도 모른다.

역설처럼 들리겠지만 우리가 결핍의 문제를 해결하려면 먼저 결핍에서 벗어나 어느 정도의 풍족함을 경험해야 한다. 하지만 우리가 처한 결핍은 어느새 심리적 패턴을 형성하여 풍족함을 경험할 수 없게 만든다.

결핍의 심리적 패턴은 단순한 개인적 경험을 넘어 사회와 문화적 분위기에도 영향을 받는다. 가난은 단순히 물질적 부족을 의미하는 것이 아니다. 사회적으로 낮은 위치를 상징하기도 한다. 우리가 '가난'이라는 꼬리표를 두려워하는 이유는 단순히 경제적 어려움 때문만이 아니다. 그것은 사회적으로 실패한 사람, 희망이 없는 사람으로 낙인 찍혀 세상과 사람들에게 무시당할지도 모른다는 불안감에서 비롯된다. 이러한 불안은 우리의 인지적 '대역폭'을 더욱 축소시킨다.

그렇다면 우리는 이 결핍의 문제를 어떻게 해결할 수 있을까? 결핍이 심리적 패턴이라면, 경제적으로 당장 해결책을 찾지 못하더라도 심리적으로는 먼저 새로운 길을 모색할 수 있다.

내가 불교대학에서 심리학을 가르칠 때, 수업을 듣는 학생들은 대부분 출가한 스님들이었다. 그들은 돈이 많지 않았지만, '돈이 많을수록 더 가치 있는 사람'이라는 생각 자체를 하지 않았다. 그래서 물질적 결핍이 그들에게는 거의 문제가 되지 않았다. 오히려 그들은 이렇게 말했다.

"먹을 음식과 잠잘 곳이 있는데, 더 바랄 것이 무엇이겠는가?"

그들이 결핍을 극복하는 방법은 '소유'에 대한 관점을 바꾸고 '가난'과 '부유'의 차이를 줄이는 것이었다. 동시에 명상을 통해 감각을 풍부하게 하고, 순간을 자각함으로써 현재의 풍요로움을 경험하는 것이기도 했다. 물론 우리는 명상을 할 수 있는 환경과 기회가 거의 없지만, 그러나 부분적인 풍요를 체험하는 연습을 통해 결핍이 주는 심리적 영향력을 줄이는 것은 가능하다. 대표적인 방법이 바로 '감사 연습'이다. 감사 연습은 일종의 명상과도 같다. 의도적으로 자신이 가진 것들에 대한 감사의 마음을 되새기는 과정은, 결핍에 물든 사고의 틀을 서서히 바꾸어 놓는다. 그렇게 어떤 일에 깊이 뿌리내리기 시작하면, 점차 돌파구가 열리고 결핍이 지배하던 삶에서도 조금씩 자유로워질 수 있다.

바쁜 사람이 더 많은 계획을 세운다

현대인들은 단순히 '가난'하기만 한 것이 아니라, '바쁘다'. 이 두 가지가 결합되어 '바쁘고 가난한 사람'을 의미하는 '워킹푸어^{working poor}'라는 신조어까지 생겨났다.

'바쁨'은 또 다른 형태의 결핍, 즉 시간의 결핍을 의미한다. 흥미로운 점은, 바쁜 사람일수록 더 많은 계획을 세운다는 것이다. 그들은 자신의 삶을 정리하고, 더 나은 미래를 준비하기 위해 여러 가지 일을 계획적으로 추진한다. 그러나 아이러니하게도, 이렇게 세운 계획들이 실패로 돌아가는 경우가 많다. 이는 바쁨이 단순한 일정상의 문제를 넘어 인지적 대역폭을 잠식하고, 장기적인 사고를 방해하는 심리적 요인으로 작용하기 때문일지도 모른다.

한번은 ○○ 회사에서 강연을 하던 중, 한 청년과 대화를 나눌 기회가 있었다.

"요즘 너무 바빠서 야근이 잦은 편이에요. 사실 지금 하는 일을 별로 좋아하지 않아서 시간 여유가 생기면 꼭 자기계발을 하고 싶어요. 앞으로 더 좋은 직업을 갖기 위해 경쟁력을 높일 여러 목표와 계획을 세웠습니다. 체력도 무시할 수 없는 요소라 매주 세 번은 헬스장에 다니기로 했고, 회사 해외 파견 기회를 잡기 위해 영어 실력도 키워야 해서 영어 교재도 여러 권 사두었습니다. 또 여러 분야의 책을 읽으며 전반적인 지식과 능력을 키울 계획입니다. 매주 몇 시부터 몇 시까지 헬스장에 가고, 매일 몇 개의 단어를 외우고, 몇 주에 한 권씩 책을 읽을지 매우 구체적으로 계획을 세워 놨습니다. 그런데 막상 집에 돌아오면 휴대폰으로 인터넷을 하거나 게임을 하다 보면 어느새 시간이 훌쩍 지나가 버리더라고요. 저에게 미루는 습관이 있는 건 아닌지 걱정이 됩니다. 제가 어떻게 하면 나아질 수 있을까요?"

먼저 그에게 물었다.

"왜 꼭 그렇게 여러 목표를 세워야 하나요? 먼저 한 가지 목표만 세우면 안 되나요?"

그러자 그가 다급하게 대답했다.

"그렇지만 이 모든 게 다 중요한걸요!"

나는 그의 얼굴에서 초조함을 읽을 수 있었다. 그것은 결핍을 느끼는 사람들에게서 흔히 나타나는 특유의 불안감이었다. 누구든지 매일 바쁘게 일하다가 녹초가 되어 집으로 돌아오면 다른 일은 쳐다보기도 싫어진다. 이는 너무나 당연한 일이다. 하지만 그는 그 현실을 받아들이지 못하는 듯했다. 변화를 위한 시간과 에너지가 부족할수록 오히려 변화에 대한 갈망은 더욱 절박해지는 법이다.

이때 바로 '계획'이 등장한다. 그러나 문제는 이 계획이 실행을 위해 세워진 것이라기보다는 불안을 완화하기 위한 것일 때가 많다. 계획은 현실이라는 우물에 갇힌 사람들에게 내려진 동아줄처럼 한 줄기 희망과도 같다. 그 밧줄 끝에는 지금과는 완전히 다른 삶과 자아가 연결되어 있다. 우리는 그 밧줄을 단단히 붙잡고 싶지만, 그것은 허황된 환상일 뿐이고, 우리를 곤경에서 벗어나게 하지 못한다는 것을 깨닫는다.

왜 우리는 작은 변화보다 원대한 계획을 선호하는 것일까? 원대한 계획만이 불안을 해소할 수 있기 때문이다. 그렇지만 작은 진전을 이루려 해도 오랜 시간이 걸린다.

'너무 오래 걸려!'

아마 결핍 속에 있는 사람들은 속으로 이렇게 중얼거렸을 것이다. 그들에게 부족한 것은 바로 시간이다. 그들은 시간을 믿지 않기 때문에, 시간이 가져다줄 수 있는 것들을 스스로 잃어버리고 말았다.

결핍에 대처하는 방식

우리는 흔히 '가난貧'과 '궁핍窮'을 같은 의미로 사용한다. 하지만 단어의 의미를 봤을 때, 이 둘은 완전히 다른 개념이다. '가난'은 주로 재물이나 돈이 없는 물질적인 결핍을 의미하며, 일시적일 가능성이 크다. 앞으로 환경이 바뀌면 이 상태 또한 바뀔 수 있다. 반면, '궁핍'은 좁고 꽉 막힌 공간에 갇혀서 자신의 능력을 발휘할 수 없는 상태를 의미한다. '가난'이 일시적인 상태라면, '궁핍'은 아무리 노력해도 절대 변하지 않는 절망적인 상태를 말한다.

이런 관점에서 보면 당신은 단지 '가난貧'할 뿐이지 '궁핍窮'하지는 않다. 또는 우리가 '가난'할 수는 있지만 '궁핍'해서는 안 된다. '가난'을 해결하는 방법이 돈을 많이 버는 것이라면 '궁핍'을 해결하는 방법은 심리적인 해결책을 찾는 것이 먼저다.

　늘 미래에 대한 불안을 품고 살아가는 여성 J가 있었다. 그 불안
은 때때로 그녀를 괴롭히기도 했지만, 동시에 좋은 고등학교와 대학
교에 합격하고, 이후 안정적인 직장을 얻는 데에도 큰 도움이 되었
다. 불안할 때마다 그녀는 그 원인을 눈에 보이는 현실에서 찾았다.
학생일 때는 입시의 압박, 졸업 후에는 취업의 압박, 그리고 직장 생
활을 시작한 후에는 직장 스트레스를 원인으로 삼았다. 그리고 불
안이 몰려올 때면 그녀는 꽃을 가꾸고 한가롭게 책을 읽고 드라마를
보거나 요리를 배우고 여행을 다니는 평화로운 삶을 사는 상상을 하
곤 했다.

　그러다 결국 어느 순간, 그녀는 실제로 회사를 그만두었다. 이렇
게 아무것도 하지 않고 여유로운 시간을 보내는 것은 그녀의 인생에
서 처음 있는 일이었다. 다행히 높은 연봉을 받았고 퇴직금도 넉넉
해서 퇴사 후에도 꽤 오랫동안 일하지 않고 지낼 수 있었다. 퇴사를
앞두고 그녀는 자기 자신에게 말했다.

　"이제 드디어 푹 쉴 수 있겠구나."

　퇴사 후 첫째 날, 그녀는 여러 개의 화초를 사 와 물을 주고, 오후
의 따뜻한 햇살 아래에서 책을 읽었다. 그리고 그 모습을 SNS에 올
렸다. 둘째 날에는 새로 산 오븐으로 피자를 만들어 또 SNS에 공유
했다. 셋째 날, 무엇을 해야 할지 고민하던 그녀는 갑자기 불안감이

몰려오는 것을 느꼈다. '뭔가 중요한 걸 놓치고 있는 건 아닐까? 아니, 어쩌면 이미 늦어버린 게 아닐까?' 그녀는 점점 더 초조해졌다. '이렇게 쉬기만 하면 너무 나태해지는 거 아닐까? 시대에 뒤처지는 건 아닐까?' 휴식이 주는 여유는 점차 불편한 공허함으로 변했다. 시간이 많은데도 해야 할 일이 없다는 사실이 오히려 더 큰 부담이 되었다. 그리고 얼마 지나지 않아, 그토록 원하던 휴식이 더는 즐겁지 않게 되었다.

그녀가 나를 찾아왔을 때, 나는 그녀의 불안이 단순히 외부 환경에서 비롯된 것이 아니라, 내면의 문제라는 사실을 이해시키려 했다. 오랫동안 빠르게 변화하고 치열하게 경쟁하는 삶에 적응해 온 그녀는, 그 과정에서 환경에 대처하는 법을 배웠고, 그것이 곧 그녀의 방식이 되었다. 그런데 갑자기 여유로운 환경으로 바뀌었으니 불편함을 느끼는 것은 당연했다. 사실 삶을 즐기는 것도 배워야 할 수 있다. 그녀는 자신의 불안이 외부 상황 때문이고, 아직 '경제적 자유'를 이루지 못했기 때문이라고 주장했다.

"제가 경제적으로 자유로워지면 그때는 삶을 제대로 즐길 수 있을 거예요."

결국 그녀는 다시 예전처럼 빠르고 경쟁이 치열한 직장을 찾았고, 불안함 속에서 막연히 여유로운 삶을 동경했다.

'가난'과 '궁핍'의 차이를 이야기하면서 문득 그녀의 이야기가 떠올랐다. 외부적 결핍이 심리적 결핍을 초래할 수도 있지만, 심리적 결핍이 반드시 외부적 결핍 때문만은 아니다. 이는 우리가 가난을 어떻게 인식하고 받아들이느냐에 따라 달라질 수 있다.

나는 이제 진정한 가난에서 어느 정도 벗어났다고 생각하지만, 그 그림자는 여전히 내 기억 속에 선명하다. 가난했던 시절, 나는 늘 혼란스럽고 불안했다. 작은 일에도 마치 큰 재난이 닥친 것처럼 느껴졌다. 마치 물에 빠진 사람이 발가락 끝으로 서서 겨우 버티며 콧구멍이 물에 잠기지 않도록 애쓰는 것처럼 말이다. 부유한 사람들은 실수를 반복하더라도 기회가 다시 찾아오지만 가난한 사람들은 평생 한두 번의 기회밖에 주어지지 않는다. 그 기회를 놓치지 않으려면 필사적으로 붙잡아야만 한다. 이런 불안은 사람을 단기적인 사고에 갇히게 만들고 모든 문제를 한꺼번에 해결하고 싶게 만든다. 그러나 진정한 변화는 시간과 지속적인 노력이 필요하다.

이러한 관점에서 보면 내가 제안한 '마음을 풍요롭게 하는 방법들'이 틀린 것은 아니지만, 정작 그런 상황에 놓인 사람들이 느끼는 무거움을 감당하기에는 다소 가볍게 느껴질 수도 있을 것이다.

내가 여전히 믿는 한 가지는 '사랑'이다. 사람들 사이의 상호적인 지지는 결핍을 해결하는 데 있어 가장 효과적인 방법이다. 이는 인류의 오래된 생존 방식에서도 확인할 수 있다. 그들은 매일같이 생존의 위기에 놓였고, 먹을 것을 찾지 못할 때도 많았다. 말 그대로 살아남기 위해 끊임없이 몸부림쳐야 했다. 그러나 그들이 가난을 이겨낼 수 있었던 이유는 '함께'였기 때문이다. 부족과 가족을 이루어 서로를 지탱하며 살아갔다. 위로는 고통을 덜어 준다. 당장 결핍을 해결할 수 없다면, 최소한 몇 사람과 관계를 맺는 것만으로도 외로움을 줄일 수 있다.

그러나 때로는 가난이 그런 관계마저도 어렵게 만들어, 외로움을 더 깊게 불러오기도 한다. 가난은 단순히 돈이 없는 상태를 의미하지 않는다. 사회적으로 열등하고 낮은 신분으로 인식되면서, 그것은 개인에게 수치심을 안기고, 스스로를 아무런 가치도 없는 존재라고 느끼게 만들 수 있다. 바로 이 신분의 꼬리표가 사람들을 결핍의 덫에서 벗어나지 못하게 만들기도 한다.

그러나 우리가 잊지 말아야 할 것은 가난은 우리의 많은 특성 중하나일 뿐이라는 것이다. 우리에게는 또 다른 특성인 취미나 감정, 희로애락, 꿈과 이상, 고통과 좌절 등이 있는데, 이것들은 감히 빈부의 관점으로 측정할 수 없다.

나는 어려움에 처한 사람들에게, 가능하다면 전문적인 기술을 하나쯤 배워보라고 권한다. 목공이나 요리, 프로그래밍, 그림 그리기 같은 것들이 그 예다. 불안이 찾아왔을 때 '기술'은 숨을 수 있는 장소가 된다. 무엇보다 기술은 정직해서 우리가 투자한 만큼 돌아온다. 또 현재와 미래를 이어 주기 때문에 지금의 투자는 미래의 자산으로 쌓인다.

사람들 사이에서 길을 찾지 못한다면, 스스로의 내면에서 길을 찾을 수 있다. 큰 비용 없이도 돈을 벌 수 있는 실용적인 기술을 배우고, 숙련된 기술을 통해 자신만의 풍요로움을 느낄 수 있다면 그것이야말로 결핍의 덫에서 벗어나는 가장 효과적인 방법일 것이다.

결핍에서 벗어나는 방법

　　로버트 맥키Robert McKee 교수가 『로버트 맥키의 스토리: 시나리오 어떻게 쓸 것인가』에서 말한 것처럼 결핍은 어디에나 존재한다. 그는 이렇게 설명한다.

　　"희소성scarcity, 즉 보편적이고 영속적인 결핍이야말로 실재의 본질이다. 모두에게 돌아갈 만큼 충분한 건 이 세상에 없다. 음식도 부족하고 사랑도 부족하고 정의justice도 부족하며, 시간은 언제나 부족하다. […] 설령 우리에게 돈과 시간, 사랑이 충분하고 세상과 조화롭게 사는 방법을 찾았다 하더라도 평온함은 곧 지루함으로 바뀌고, 지루함은 곧 새로운 결핍, 즉 욕망의 결핍으로 이어질 것이다."

현실의 희소성도 이미 우리를 힘들게 하는데, 결핍에 따른 불안과 초조함은 이를 더욱 악화시킨다. 결핍 속에 있는 사람들은 항상 벗어나고 싶어 하지만 때로는 도피가 문제를 해결하기는커녕 오히려 결핍을 더욱 키우기도 한다. 그 결과 사람들은 다음과 같은 악순환에 빠지곤 한다.

결핍 → 결핍의 고통과 불안에서 벗어나기 → 비효과적인 도피 → 결핍의 지속과 악화

하지만 같은 폭풍우를 만나도 경험이 많은 노련한 선원은 폭풍이 일어나는 법칙을 알고, 그 방향과 강도에 따라 배를 조정하여 폭풍의 영향에서 벗어날 수 있다.

결핍의 핵심이 '대역폭'의 부족이라면, 오히려 대역폭을 의도적으로 줄이는 것이 결핍을 완화하는 한 방법이 될 수 있다. 삶에서 어떤 결정이 인지 자원을 소모하는지 면밀히 살펴보고, 자발적인 선택을 통해 그 사용을 줄여나가는 것이다. 불필요하고 무의미한 선택과 결정을 줄이고, 단순한 생활 습관을 기른다. 또한 아무리 바빠도 매주 하루는 무조건 휴식을 취하는 등 의도적으로 여유를 만드는 것도 좋은 방법이다. 이는 우리가 결핍의 상태에서 빠르게 벗어나게 해주지는 못하더라도, 최소한 정신을 맑게 하여 결핍에 휘둘리지 않도록 도와준다. 결핍 속에서 우리가 할 수 있는 최고의 선택들이다.

"무언가를 선택하는 것이 너무 힘들어요."

결핍은 항상 고민과 완벽주의를 동반합니다. 결핍 상태는 우리가 가지고 있는 것이 너무 적다고 느끼기 때문에 실수를 하거나 낭비할 여유가 없습니다. 이러한 부담은 '결정'의 어려움을 가중시키고, 결국 더 많은 인지 자원을 소모하게 만듭니다.

다음의 독자 편지를 통해 '의사 결정 절차'를 정해 고민을 줄이고, 인지 자원을 덜 쓰고 효율적으로 결정하는 방법을 살펴봅시다.

쉽게 해결되지 않는 고민이 있어서 선생님의 조언을 구하고자 합니다. 저는 왜 항상 이미 내린 결정을 의심하고, 후회하며 자책하는 걸까요? 예를 들면 이렇습니다.

토플TOEFL 시험을 준비하면서 문제집을 세 권이나 바꿨습니다. 처음에는 A 책이 가장 적합하다고 생각했지만, 얼마 지나지 않아 B 책이 더 나을 것 같다는 생각이 들었습니다. 이리저리 고민하다가 결국 어느 하나도 제대로 보지 못했습니다.

연애할 때도 크게 다르지 않습니다. 어떤 때는 여자친구가 너무 좋지만, 또 어떤 때는 서로 어울리지 않는다고 느낍니다. 몇 번이나 헤어졌다가 다시 만났는데, 이제는 다툼의 수준이 보통 커플들의 갈등 수준을 넘어서는 것 같습니다.

저는 알람 설정도 자주 바꿉니다. 처음에는 오전 7시에 맞췄다가, 조금 늦게 잠자리에 들거나 생각보다 빨리 잠들지 못하면 다시 오전 8시로 바꿉니다. 그러고 나서 다시 고민합니다. '그래도 7시에 맞춰야겠다. 내일 계획은 변함없어야 해.' 하지만 잠시 후 다시 고민에 빠집니다. '그래, 8시로 하자. 계획보다는 푹 쉬는 게 더 중요해.'

비슷한 고민은 다른 상황에서도 반복됩니다. 어느 토요일 저녁, 친구가 전화해서 노래방에 가자고 했습니다. 저는 가지 않겠다고 대답했는데 전화를 끊고 나서 다시 고민이 시작되었습니다. '모처럼 친구가 노래방에 가자고 하는데, 이런 기회가 흔치 않으니까 그냥 가는 게 좋을까? 안 가면 친구가 서운해하려나?' 그러다가 다시 '그래, 안 가는 게 나아. 가면 늦게 돌아올 게 뻔해. 내일 할 일도 많은데….'

이런 고민을 할 때마다 괴롭기도 하고 시간과 에너지를 너무 많이 낭비하게 됩니다. 그리고 무엇보다 제가 주관이 없고, 제대로 할 수 있는 게 아무것도 없는 사람처럼 느껴지기까지 합니다.

사실 저는 방향을 정해서 집중하는 걸 훨씬 좋아하는 편입니다. 특히 과정이 순조로울 때는 더욱 그렇습니다. 하지만 과정이 순조롭지 않으면 혹시라도 잘못된 결정을 내릴까 봐 불안하고 자신을 의심하기까지 합니다.

가끔 길을 오가는 사람들이나 도서관에 드나드는 사람들의 눈빛과 웃음 속에서 넘치는 즐거움과 열정을 마주할 때면 그들은 모두 자신이 가야 할 방향과 할 일을 정확히 알고 있는 것 같고, 저만 항상 고민 속에서 어디로 가야 할지 모른 채 혼란스러워하는 것 같습니다.

어떻게 하면 이런 고민을 받아들이거나, 조화롭게 살아갈 수 있을까요? 이제 더는 고민에 사로잡혀 살고 싶지 않습니다.

심리 솔루션

선택은 운명에 맡겨라

당신의 편지를 읽고 나니 저도 조금 답답해지더군요. 편지에 적힌 여러 갈등과 고민의 사례들을 떠올려보니 그저 읽기만 하는 처지에서도 가슴이 답답하고 숨이 막힐 정도인데, 그 속에 갇힌 당신은 오죽하겠습니까.

『라 퐁텐 우화』에 나오는 당나귀 이야기를 들어본 적이 있나요? 이 당나귀는 두 개의 건초 더미 사이에서 어느 쪽을 선택해야 할지 결정하지 못해서 결국 굶어 죽고 말았습니다.

그런데 어떤 면에서는 당나귀가 당신보다 조금 더 행복했을지도 모르겠습니다. 적어도 눈앞에 맛있는 건초 더미 두 개가 있었으니까요.

당신은 어떤가요? 고민하는 선택지 중에서 조금이라도 끌리는 것이 있나요? 지금 당신은 심리학에서 말하는 '회피-회피 갈등Avoidance-

Avoidance Conflict'에 빠져 있습니다. 두 가지 선택지 모두 마음에 들지 않지만, 어쨌든 하나는 선택해야 한다는 압박 속에서 자신을 몰아세우고 있는 거죠. 토플 시험을 치르고 싶지는 않지만, 문제집은 완벽하게 골라야 한다고 생각하고 있습니다. 알람이 울리는 것이 싫으면서도 오전 7시가 나을지, 8시가 나을지를 고민합니다. 친구와 노래방에 가고 싶지는 않지만, 그래도 가야 하는 건 아닌지 고민합니다.

저는 고민의 본질은 '결핍'이라고 생각합니다. 첫째, 현실에서 우리가 진정으로 원하는 선택지가 주어지지 않았기 때문에 고민하게 됩니다. 둘째, 결핍은 우리에게 시간과 돈, 에너지 또는 우정의 측면에서 자원이 부족하다고 느끼게 하고 어떤 작은 실수도 용납될 수 없다고 생각하게 만듭니다. 심지어 아주 작은 선택조차도 우리의 미래를 좌우한다고 느끼는 것이죠. 당신이 고민하는 것을 보면, 이런 작은 선택들을 지나치게 중요한 문제로 여기는 것 같습니다. 아마 속으로 이런 생각을 할지도 모릅니다.

'토플 문제집을 잘 골라야 시험을 잘 보고, 유학을 갈 수 있을 거야.'

'좋은 여자친구를 만나면 평생 행복할 거야.',

'친구들과 노래방에 가면 어디 가서도 환영받을 거야.'

'알람을 7시에 맞춰 두면 강한 실행력과 의지력을 가진 사람이 될 수 있을 거야.'

하지만 문제는 이러한 '큰' 결과들은 모두 당신의 허황된 논리로 쌓아 올린 것이며, 그것들은 작은 여러 고민과 직접적인 연관이 없다는 것입니다.

하지만 당신은 이런 고민 속에서 실제로 자신에게 부족한 인지 자원을 낭비하고 있습니다. 제한된 인지 자원으로 당신의 삶을 잘 통제하기 위해 인생의 모든 세부 사항을 반복적으로 시뮬레이션하고 계산하려고 합니다. 마치 256MB 메모리의 구식 컴퓨터로 알파고와 같은 인공지능 로봇을 구동해 인생을 시뮬레이션해서 정답을 도출하려는 것과 같습니다.

당신이 이렇게 고민하는 것은 주관이 없어서가 아니라, 오히려 주관이 너무 뚜렷하기 때문입니다. 잘 살기 위해서는 우리가 통제할 수 없고 경외해야 할 것들에 여지를 남겨 두어야 합니다. 그것을 신이라 부르든 운명이나 더 단순하게 운이라고 부르든 상관없습니다. 다만 당신은 이런 불확실한 것들까지 통제하려고 합니다. 어쩌면 당신은 운명이나 행운이 나의 편이 아닐 거라고 믿기 때문에 더욱더 이를 통제하려 하는지도 모릅니다.

사실 저도 신을 믿는 사람은 아닙니다. 인생이 정말로 우연의 산물인지, 아니면 '행운'이나 '신', '운명'과 같은 신비한 의지의 결과인지는 아무도 확신할 수 없겠죠. 제가 '신'을 언급하는 이유는 전적으로 인지 자원을 절약하기 위함입니다. 솔직히 자신의 운명이 오직 토플 문제집을 잘 선택하는 것에 달려 있다고는 믿고 싶지 않습니다. 그건 너무 오만한 생각이니까요. 그러나 어떤 좌절이나 불행을 겪을 때 그것을 신의 뜻이나 운명의 흐름이라고 받아들이면 심리적인 부담을 덜어낼 수 있습니다. 이렇게 생각하면 불필요한 고민에 소모되는 인지 자원을 아끼고, 정말 해야 할 일에 집중할 수 있습니다. 그래서 옛말에도 "사람이 할 수 있는 모든 노력을 다하고, 그 결과는 하늘의 뜻에 맡긴다."라고 했죠.

완벽주의에 관해 제가 가장 좋아하는 작가 중 한 명인 앤 라모트^{Anne}Lamott는 『쓰기의 감각』이라는 책에서 이렇게 말한 적이 있습니다.

"완벽주의의 본질은 '발만 조심스럽게 디디면 결코 넘어지지 않을 것'이라는 맹목적인 믿음에 있다고 생각한다. 하지만 현실은 그렇지 않다. 당신은 결국 넘어질 수밖에 없고, 길을 잘 살피지 않는 조심성이 별로 없는 사람들이 오히려 당신보다 훨씬 더 잘 해내며, 무엇보다 삶을 훨씬 더 즐길 때가 많다는 것이다."

우리는 누구나 결국 넘어질 수밖에 없습니다. 이 사실은 때로는 실망스럽기도 하고 동시에 위안이 되기도 합니다. 가끔 저는 이런 식으로 자신을 위로합니다.

'확실하게 증명된 사실에 비하면, 내가 인생에서 겪는 짧고 불확실한 일들은 아주 사소한 거야. 그러니까 너무 걱정하지 않아도 돼.'

이 말이 당신에게도 위로가 되기를 바랍니다. 행복한 삶을 누리길 바랍니다!

"가난하다는 생각에 사로잡혀
아무것도 못 하겠어요."

결핍의 흔적은 우리가 가진 자원을 보지 못하게 만들고, 분명히 더 나은 미래가 기다리고 있음에도 불구하고 불안에 사로잡혀 옴짝달싹 못 하게 합니다. 결핍은 우리를 조급하게 할 뿐만 아니라 끝이 보이지 않는 불안 속에 빠뜨려 긴장을 늦추지 못하게 합니다.

이어지는 독자의 편지를 통해, 결핍 상태에서도 어떻게 미래를 향해 나아가고 희망을 품을 수 있을지 알아봅시다.

저는 늘 제가 가난하다고 느낍니다. 사실 밥을 굶을 정도로 가난한 건 아닙니다. 부모님 덕분에 기본적인 생활에는 어려움이 없어요. 제가 느끼는 가난은 이런 겁니다. 물건을 살 때면 늘 할인이나 프로모션 상품부터 찾고, 언제나 가성비 좋은 것만 골라 삽니다. 밥을 먹을 때도, 심지어 배달 음식을 시킬 때조차 비싼 메뉴는 피하고, 가장 효율적인 선택만 하게 됩니다. 고급 화장품이나 스킨케어 제품을 보면 너무 사고 싶지만 자연스럽게 가성비 좋은 제품을 검색하게 됩니다. 가끔은 만족하기도 하지만 때로는 부끄럽기도 합니다.

이게 습관인 것 같아요. 하지만 저도 가끔은 사치를 부리긴 해요. 어제 어머니가 30만 원이 넘는 코트를 사 주셨어요. 잘사는 친구와 외출할 때는 고급 레스토랑에서 즐겁게 식사도 하고요. 가끔은 비싼 립스틱을 사기도 합니다. 그런데도 어딘지 모르게 가난한 느낌은 뼛속 깊이 스며들어 사라지지 않아요. 화려하고 멋진 장소에 가서 돈이 많아 보이는 사람이나 고급스러운 물건을 보면 괜히 수치스럽고 부끄러워요. 그럴 때마다 저는 가난은 죄가 아니며 정직하게 일하고 착하게 살면 된다며 저를 다독이곤 합니다. 그러면 부끄러운 감정이 조금 사그라듭니다. 제가 열심히 노력해서 이 상황을 바꿔야 한다는 걸 알지만, 그렇지 못한 현실에 늘 자책하게 됩니다.

저희 부모님은 교육 수준이 낮고 수입도 많지 않지만, 가족을 위해 열심히 절약하시고 무엇보다 저를 아껴 주십니다. 제가 누리고 있는 모든 것은 부모님이 제게 물려주신 덕분입니다. 두 분은 제가 어떤 선택을 하든 늘 존중해 주시고 믿어 주십니다. 어쩌면, 자신들이 배우지 못한 것이 많다고 여기시기에, 제가 더 나은 선택을 하리라 믿고 묵묵히 지켜봐 주시는 건지도 모르겠습니다. 부모님은 제가 고생하거나 힘들어하지 않길 바라시기에 저에게 경제나 금융을 배우라고 강요하지 않고, 아르바이트나 인턴을 하며 용돈을 벌라고 하지도 않으십니다. 그저 제가 좋아하는 일을 하도록 밀어 주셨죠.

한편으로는 지금처럼 행복하고 자유롭게 지낼 수 있어 감사하지만, 또 한편으로는 동기부여가 잘 되지 않는 것 같아요. 가끔은 이런 생각도 해 봅니다. '만약 부모님이 나쁜 사람들이었다면? 만약 그들이 욕심이 많아서 나에게 돈을 벌어 오라고 강요하고, 주변 사람들까지 나를 무시했다면? 그러면 오히려 더 의욕적으로 열심히 살지 않았을까?' 물론 이런 극단적인 생각이 어리석다는 걸 잘 알고 있어요. 실제로 그런 상황에서 고통받는 사람들이 제 생각을 알면, 아마 저를 한 대 때리고 싶지 않을까요?

제 인생은 매우 순탄했습니다. 어릴 때부터 성적이 좋았고, 좋은 학교의 우수한 학과에 장학금까지 받고 입학했습니다. 지금은 대학원에 다니고 있습니다. 하지만 돌아보면, 지금까지 정말 온 마음을 다해 노력해 본 적은 없는 것 같습니다. 오히려 도전이나 경쟁이 필요한 순간마다 슬며시 피했던 기억이 더 많습니다. 좋은 조건들을 갖고 있음에도 불구하고, 결국엔 이 모든 걸 스스로 망쳐버릴까 봐 불안합니다.

친구들은 그냥 좋아하는 일을 하라고 조언합니다. 저 역시 어떤 분야에서든 꾸준히 노력하면 결국 정상에 오르게 될 거라고 저를 위로했어요. 하지만 제가 경제적으로 자립하고 부자가 되려면 최소 10년은 더 걸릴 텐데, 그럼 부모님은 50대가 되시겠죠. 두 분이 그때까지 고생하셔야 한다고 생각하면 마음이 무겁고 죄송한 마음이 듭니다. 젊은 시절에 물질적인 풍요를 누리지 못하는 건 괜찮다고 생각하지만, 부모님에 대한 미안함과 걱정은 여전히 제 마음을 아프게 합니다. 그리고 무엇보다 부모님이 늙어가는 게 걱정됩니다.

그래서 하루라도 빨리 돈을 많이 벌고 싶다는 생각이 듭니다. 그런데 정작 고수익을 올릴 수 있는 일들은 저와 잘 맞지 않거나, 애초에 흥미가 없어 도전할 엄두조차 내지 못합니다. 저는 분명 제가 가장 좋아하는 분야를 선택했다고 믿고 있지만, 가만히 돌아보면 그 일에 온 마음을 다해 필사적으로 매달리고 있지는 않은 것 같아요. 주변 사람들은 제가 열심히 하고 있다고 생각하지만, 제 안에서는 늘 뭔가 부족하다는 느낌을 떨칠 수 없습니다. 그렇다 보니 점점 자책의 늪에 빠져 결국 아무것도 이루지 못한 채 인생이 끝나 버릴까 봐 두렵습니다. 사람들은 계속해서 앞으로 나아가고 있는데, 저는 분명 좋은 환경을 가지고 있음에도 불구하고, 사랑과 보호라는 울타리 안에 스스로를 안주시킨 채 결국 아무것도 이루지 못한 사람이 될까 봐 불안합니다.

저는 아무 생각 없이 그저 자신이 해야 할 일을 묵묵히 해내는 사람들이 부러워요. 늘 이런저런 생각에 사로잡혀 아무것도 제대로 시작하지 못한 채 머뭇거리기만 하고 있어요. 도대체 어떻게 해야 저도 앞으로 나아갈 수 있을까요?

돈이 없는 것과 가난한 것은 다르다

저도 당신이 말하는 가난한 기분을 느껴 본 적이 있어요. 대학을 졸업하던 해, 친구와 함께 일자리를 구하러 상하이에 갔습니다. 그날 오후, 면접을 마친 뒤 우리는 잠시 쇼핑을 하러 나섰죠. 길 양쪽으로 엄청난 규모의 쇼핑몰과 그 안을 오가는 화려한 사람들을 보니 감히 들어갈 엄두가 나지 않았습니다. 점심을 먹으려고 쇼핑몰에서 멀지 않은 골목에 작은 식당을 찾아 들어갔죠. 덮밥을 먹으면서 방금 느꼈던 화려한 상하이에 관해 이런저런 이야기를 나눴어요. 그러다 친구가 씁쓸한 표정으로 말했습니다.

"저런 쇼핑몰은 돈 많은 사람들만 갈 수 있는 곳이지. 언젠가 우리도 저곳에서 당당하게 쇼핑할 날이 오겠지?"

그 친구는 지금 상하이에 정착해 꽤 큰 집을 마련했고, 저 역시 항저우에서 자리를 잡았습니다. 하지만 우리는 아직 그 쇼핑몰에 가지 않았어요.

가난이 남긴 기억 중 가장 선명한 장면을 꼽자면, 아마도 친구의 결혼식 날이었을 겁니다. 그는 비싸 보이긴 했지만 어딘가 어색하고, 마치 자기 것이 아닌 듯한 정장을 입고 있었습니다. 그 모습이 너무 우스꽝스러워서, 터져 나오는 웃음을 간신히 참았던 기억이 납니다.

얼마 전 SNS에서 어떤 사람이 자신의 이야기를 남긴 글을 보았습니다. 그의 아버지는 한때 건설 현장의 작업반장이었지만, 사기를 당해 집안이 막대한 빚을 지게 되었다고 합니다. 중학교를 졸업하자마자 생활전선에 뛰어든 그는 다단계에 빠지기도 했고, 작은 식당에서 웨이터로 일하며 시멘트를 나르는 고된 노동도 마다하지 않았습니다. 이후 요리를 배워 빌린 돈으로 작은 식당을 열었지만, 결국 실패하고 말았죠.

그가 20세가 되었을 때, 친척의 소개로 공장에 취직할 기회가 찾아왔습니다. 월급은 16만 원에서 30만 원 정도였고, 이 돈이면 경제적으로 어려운 집안에 큰 보탬이 될 수 있었습니다. 하지만 그의 아버지는 아들을 공장에 보내지 않았습니다. 대신 빚을 내어, 당시만 해도 생소했던 '컴퓨터' 공부를 시키기로 했죠. 그 선택은 가족들에게 있어 거대한 도박과도 같았습니다.

결국 아버지의 탁월한 안목과 그의 끈기 덕분에 그는 중졸 학력으로 DOS(디스크 운영 체제)와 자판 입력 방식을 배우는 것을 시작으로 프로그래밍까지 익히게 되었습니다. 이후 프로그래머 시험에 합격해서 강사로 활동하며, 동시에 컴퓨터 수리도 병행했습니다. 그러다 첫 프로그래밍 프로젝트를 맡으면서 본격적으로 이 길을 걷기 시작했고, 점차 실력을 인정받아 대기업의 기술 디렉터가 되었습니다. 그리고 마침내 꿈의 직장이라 불리는 마이크로소프트로 이직하게 되었죠. 몇 년 후, 그는 회사를 나와 창업에 도전했습니다. 첫 번째 시도는 실패로 끝났지만, 두 번째 도전에서는 마침내 성공을 거두었습니다. 이제 그는 가족의 빚을 모두 갚았을 뿐만 아니라, 부모님께 좋은 집을 마련해 드렸으며, 온 가족이 풍요로운 삶을 살고 있습니다.

　그의 파란만장한 여정이 경이롭기까지 하지만, 그의 이야기를 통해 가장 크게 느낀 점은 그가 실제로 '가난'했던 것이 아니라는 사실입니다. 그는 단지 그 당시 돈이 없었을 뿐이었습니다. 물론 돈이 없으면 불안할 수 있습니다. 하지만 '돈이 없는 것'과 '가난한 것'은 엄연히 다릅니다. 정말 가난한 사람은 현재의 욕망을 어떻게 충족시킬지, 현재의 어려움을 어떻게 극복할지 등 현재에만 몰두해 있는 경우가 많아요. 자신이 가진 지식과 자원으로 다른 생각을 할 여유가 없는 거죠. 하지만 단지 돈이 없는 사람은, 비록 현실은 힘들지라도 마음속으로는 아직 미래를 그릴 수 있습니다.

　당신은 가난하지 않아요. 단지 지금 돈이 없을 뿐이죠. 적어도 당신에게는 미래가 있잖아요. 당신은 좋은 학교에서 최고의 전공을 공부하고 있고, 이 전공은 당신이 좋아하는 분야이기도 하죠. 지금 당장은 그렇게 느껴지지 않더라도, 미래에는 이 선택의 가치가 드러나게 될 것입니다. 많은 사람이 관심 없는 분야를 선택해 중년이 돼서야 힘들게 새로운 선택을 하려는 경우를 많이 봤어요. 그리고 무엇보다 당신에게는 가족이 있잖아요. 물론 당신에게 많은 조언을 해 줄 수는 없지만, 당신을 사랑하고 신뢰하며 부담을 덜어 주려고 애쓰죠. 사랑의 힘을 과소평가하지 마세요. 그것은 매우 중요한 자산입니다.

당신에게는 미래가 없는 것이 아니라, 미래에 대해 너무 조급하다는 것이 문제입니다. 가난을 경험한 사람이라면 누구나 패배에 대한 두려움을 크게 가질 수밖에 없습니다. 마치 보이지 않는 적과 싸우듯, 늘 신경을 곤두세우고 전투 태세를 유지해야 하니까요. 그리고 크든 작든 가시적인 성과가 있어야만 마음이 겨우 안정을 찾게 됩니다.

그래서 당신에게 '노력'은 특별한 의미가 있습니다. 그것은 구체적인 목표를 달성하기 위한 것이 아니라, 내면의 불안을 해소하기 위한 것입니다. 어디로 가야 할지, 어떻게 가야 할지 모르지만 노력하는 동안에는 그나마 불안에서 벗어날 수 있으니까요. 어느새 '노력'은 강박으로 변해 버리죠. 당신은 자신이 나태해질까, 동기를 잃을까 두려워하고 있어요. 부모님이 돈을 벌어 오라고 압박하거나, 주변 사람들이 당신을 무시하는 등 상황이 더 나빠지면 오히려 더 큰 동기부여가 될 거라고 상상하기도 하죠.

하지만 구체적인 목표 없이 추상적인 방향만 있고, 과정은 무시한 채 오로지 결과만 중시한다면 노력은 결코 지속될 수 없습니다. 더군다나 지금 당신이 강박적으로 하는 노력은 내면의 불안을 잠재우는 데 전혀 도움이 되지 않아요.

당신이 원하는 건 혼란 속 무질서한 노력이 아닙니다. 생존의 벼랑 끝에서 절박하게 싸우는 이 뜨거운 몸부림을 통해 살아 있음을 느끼는 것입니다. 그러나 당신은 처음 추구했던 목표를 지금 있는 곳에서 쉽게 얻을 수 있다는 것을 잊고 있습니다.

당신에게 어떻게 절망적인 상황에서 집중력을 유지하고 불안에 빠지지 않을 수 있었는지 물어보았을 때 이렇게 답했지요.

"당시 제가 동경하는 게 있었어요. 프로그래머가 되고 싶었고, 그때의 삶과는 전혀 다른 아름다움을 꿈꿨죠."

당신이 말한 '동경'은 어쩌면 희망을 의미하는 것 같아요. 그렇다면 당신은 어떤 것을 '동경'하나요? 당신이 부모님께 미안한 감정을 가지고 있다는 것도 이해해요. 그렇게 열심히 살아오신 부모님을 떠올리면, 나 자신이 게으르고 나태하다는 생각이 들 수도 있죠. 하지만 꼭 그렇다고 말할 수는 없어요. 단지 당신의 노력 방식이 부모님과는 다를 뿐이에요. 부모님이 진정으로 바라는 건, 그저 당신이 자신의 삶을 잘 살아가고 있다는 것, 그것 하나면 충분하답니다. 마지막으로 구체적으로 두 가지만 조언할게요.

1. 단순한 삶을 살고 그것을 미덕으로 여기세요. 중요한 것은 돈을 아끼는 것이 아니라 '가성비 좋은' 물건을 고르느라 소중한 에너지를 낭비하지 않는 것입니다. 불필요한 선택에 시간을 소비하기보다는, 진정으로 중요한 일에 집중하세요.

2. 매주 하루는 강제로 휴식을 취하세요. 여행을 가거나 책을 읽거나 친구들과 수다를 떠는 등 무엇을 하든 상관없어요. 다만 기숙사에만 있지 마세요. 핵심은 '아무것도 하지 않는 시간'을 가지

는 것입니다. 사실 당신에게는 불안감을 해소할 수 있는 더 많은 여유가 필요합니다.

당신에게 실질적인 도움이 되길 바랍니다. 행복하세요!

◦ **생각하기**

   (1) 언제 가장 가난하다고 느꼈는가?

   (2) 언제 가장 부유하다고 느꼈는가?

   (3) 지난 한 달 동안 가장 결핍을 느꼈던 것은 무엇인가? 그 결핍이 당신에게 어떤 영향을 미쳤는가?

   (4) 누군가가 당신에게 부족한 자원을 어떤 것과 교환하자고 제안한다면 단호히 거절할 수 있는가?

   (5) 결핍된 자원을 다시 채웠다면, 같은 결핍을 경험하지 않기 위해 어떤 노력을 할 수 있을까?

   (6) 어떻게 하면 자신의 결핍을 풍성함으로 전환할 수 있을까? (예를 들어, 비상금을 마련하거나 매주 정해진 시간에 휴식을 취하는 것 등.)

◦ **지금 당장 따라 해 보기**

1. 결핍을 견디는 능력 기르기

   마음챙김은 감정을 관찰하고 체험하는 과정을 통해 감정과 행동 사이 연결의 강도를 줄여서 결핍에 대한 내성을 강화하고 결핍으로 인한 충동적 행동을 줄여 준다.

   가장 기본적인 마음챙김 연습은 자신의 호흡을 관찰하는 것이다. 숨을 깊게 들이마시고 천천히 내쉬면 된다. 코로 공기가 들어오고 나가는 느낌을 집중해서 느끼고 호흡에 집중하여 마음을 현재에 머무르게 한다.

   지금 힘들고 혼란스러운 상황에 놓여 있다면 조급하게 벗어나려 하지 말고 현실로 받아들이려고 노력해 보자. 마음이 혼란스럽고 복잡할수록 지금 이 순간에 집중하며 자신에게 평온하게 상황을 바라볼 기회를 주자.

우리는 불확실하거나 불안을 느끼면 벗어나고 싶은 충동에 무언가를 하려고 한다. 그런 충동이 느껴지면 먼저 심호흡을 해 보자. 불확실성과 불안을 그 자리에 그대로 두고 그 감정을 관찰해 보자. 그리고 그 감정이 일으키는 충동을 지켜보자.

이 과정을 온전히 체험하고 바라볼 수 있다면, 그것만으로도 보다 명확한 상태로 나아가는 데 큰 도움이 될 것이다. 충동을 제대로 이해할 수 있다면 그것이 문제의 해결책이 아니라 단지 불안에서 벗어나고자 하는 본능임을 알게 될 것이다.

우리에게는 '호흡'이라는 진정한 닻이 있다. 생각과 감정이 자신을 혼란스럽게 하면 언제든지 호흡에 집중하자. 그러면 현재의 명확한 상태로 우리를 다시 데려다줄 것이다.

2. 여유를 만드는 습관 기르기

여유로운 생활 습관을 기르자. 집세나 공과금 등 매달 고정 지출이 있다면 자동 이체 기능을 이용해 이런 일상적인 지출 정보가 결핍의 불안을 유발하는 것을 예방할 수 있다.

시간이 부족하다면 필요한 휴식 외에도 매주 하루 오후 시간을 예비 시간으로 확보해 두자. 이 시간을 계획의 일부로 포함해서 갑작스러운 일이나 긴급한 일, 혹은 미루다가 완료하지 못한 일들을 처리하는 데 사용해 보자.

3. 단순한 의사 결정 체계 만들기

두 가지 선택 사항 중 망설이고 있다면 사실 어느 쪽을 선택해도 큰 차이가 없을 가능성이 크다. 어느 쪽을 선택하든 완벽할 수는 없다. 중요한 건 지금 할 수 있는 최선의 선택을 하는 것이다.

의사 결정 체계를 세우는 목적은 단순히 올바른 선택을 하기 위함이 아니라, 결정을 단순화하여 인지 자원을 절약하는 데 있다. 특히 작은 일일수록 의사 결정은 단순하게 이루어져야 한다. 만약 사소한 일에서도 늘 망설인다면, 다음과 같은 절차로 자신만의 '의사 결정 체계'를 세울 수 있다.

(1) 지난 한 주 동안 가장 많은 인지 자원을 소모했던 세 가지 선택을 분석해 보자.

(2) 이 세 가지 선택이 소모한 인지 자원과 실제 중요성이 얼마나 일치하는지 살펴보자. 만약 중요하지 않은 선택에 지나치게 많은 인지 자원을 쏟았다면, 이를 구분하여 분류하자.

(3) 각 선택의 기준이 될 수 있는 명확하고 구체적인 지표를 분석하자. 쇼핑의 경우 가격, 배송 거리, 후기 등이 기준이 될 수 있다. 이 지표는 간단할수록 좋으며, 세 가지를 넘지 않도록 한다.

(4) 이 지표를 바탕으로 자신만의 고유한 의사 결정 기준을 만든다. 예를 들어, '물건을 살 때는 비싼 것을 고르고, 음식을 선택할 때는 가까운 곳을 우선한다'는 식으로 간단한 규칙을 정한다.

(5) 이 의사 결정 기준을 문서로 작성해 눈에 잘 띄는 곳에 붙여 둔다.

다시 강조하지만 의사 결정 체계를 세우는 목적은 '올바른 선택'을 돕기 위함이 아니다(올바른 선택이란 있을 수 없다). 인지 자원을 아끼기 위함이다. 결핍을 경험한 사람에게는 어떤 선택을 하느냐보다, 인지 자원을 아끼는 것이 더 중요하다.

3장

평범함을 받아들인다는 것

신이 우리를 가혹하게 대하는 방식에는 두 가지가 있다.
하나는 우리의 꿈을 부정하는 것이고,
또 하나는 우리의 꿈을 이루어 주는 것이다.
_오스카 와일드(Oscar Wilde)

우리는 불가능한 것을 끊임없이 추구하다가
정작 가능한 것들을 불가능하게 만들어 버린다.
_로버트 아드리(Robert Ardrey)

평범함을 받아들일 때 삶은 특별해진다

나는 대학 생활을 시작하면서부터 '평범해지면 안 된다'는 생각에 시달렸다. 솔직히 말해서 이런 생각을 한다는 것 자체가 이미 평범하다는 것을 인정하는 셈이지만, 그때의 나는 그것조차 깨닫지 못했다. 내 눈앞에는 나보다 훨씬 똑똑하고 뛰어난 친구들의 이름이 자막처럼 스쳐 지나갔고, 기필코 그들을 따라잡아야 한다는 조급함에 사로잡혀 시간이 날 때마다 도서관으로 향하곤 했다. 하지만 영어 단어를 외우거나 전공 서적을 보는 것은 버겁기만 했다. 그래서 나는 칸트에서 헤겔, 니체에 이르는 철학 서적을 꺼내 들었고 그 책들을 베개 삼아 엎드려 잠이 들기 일쑤였다. 그렇게 한숨 자고 일어나면 반나절이 훌쩍 지나갔고, 잠에서 깬 후에는 말도 안 되는 자기 위로를 하곤 했다.

'음, 헤겔 책을 베고 잤으니 내 머릿속에 다양한 지식이 들어갔겠지? 오늘도 한 뼘은 성장했을 거야.'

도서관에 있는 시간은 사실 꽤 외로웠다. 하지만 그때의 나는 이 외로움이 오히려 특별한 것이라 여겼다. 적어도 평범하지는 않다고 생각했다. 수년이 지나고 나서야 나는 이것이 '평범함 공포증'이었다는 것을 깨달았다.

이런 두려움을 가진 사람들은 현재의 삶은 의미가 없다고 느끼며, 오직 미래와 먼 곳에 있는 것만이 진정한 가치가 있다고 믿는 경향이 있다. 또 그들은 인생이라는 하나의 선 양 끝에 서로 완전히 다른 삶이 존재한다고 생각하기 쉬운데, 사실 현실의 차이는 월급이 300만 원인지 400만 원인지, 집이 시내에서 40km 떨어져 있는지 30km 떨어져 있는지, 아니면 벽돌 나르는 일을 하는지 타일 붙이는 일을 하는지 정도의 차이에 불과하다.

그러나 그들의 상상 속에서는 이 작은 차이가 '평범함과 특별함, 전기 자전거와 페라리, 뉴스를 보는 사람인지 뉴스에 나오는 사람인지'의 차이로 확대된다. 그리고 그 선의 어느 쪽에 위치할지는 결국 자신이 지금 선택하는 삶의 태도, 즉 평범함을 거부할지 아니면 기꺼이 받아들일지에 달려 있다고 믿는다.

그들은 자신의 미래뿐만이 아니라 타인의 삶을 상상하는 데에도

능하다. 다른 사람의 작은 발전조차 자신만 반대편으로 밀려나고 있다는 증표처럼 느껴져, 제자리에 선 채 점점 불안과 초조함에 잠식되어 간다.

'평범함'이라는 단어는 매우 다양한 의미를 내포한다. 이 단어의 반의어만 봐도 알 수 있다. 노력, 독특함, 이상, 재능 등은 삶에 대한 태도와 자기 정체성을 나타낸다. 평범함을 받아들인다는 것은 단순히 노력을 멈추거나 애쓰지 않는다는 의미가 아니라, 때로는 자신의 한계를 인정하고 허황된 환상을 버리며, 자신이 그저 평범한 사람임을 받아들이는 것을 의미한다. 그러나 '평범한 사람'이라는 표현은 사람에 따라 다르게 해석된다. 어떤 이들에게는 '평범한 사람'이란 평온하고 안정된 삶을 의미하지만, 또 어떤 이들에게는 인생의 조연이나 아웃사이더로 인식하거나 다른 사람보다 열등한 존재가 되는 것을 의미할 수도 있다. 후자라면 평범함의 고통에서 벗어나기가 그리 쉽지 않다.

지식 공유 사이트에 '평범함을 받아들인 순간은 언제입니까?'라는 질문이 올라온 적이 있다. 이 글을 팔로우한 사람이 10만 명이 넘었고, 조회 수도 거의 천만 건에 달했다. 이는 평범함에 대한 고민이 얼마나 많은 사람의 관심을 끄는 주제인지를 보여 준다.

답변을 자세히 읽어 보니, 어린 시절부터 평범함에 익숙해져서 평범한 삶이 진짜라고 여기는 사람들도 있고, 꿈이 좌절된 후 평범함을 깨닫고 절망 속에서 새로운 길을 모색한 사람도 있었다. 또 평범함을 받아들이고 난 후 마음이 편안해지고 더는 환경에 불평하거나 남을 질투하지 않게 되었다는 사람도 있었다.

대부분의 답변이 공통적으로 언급한 것은 '편안함'과 '안정감'이었다. 평범함을 받아들이는 순간, 그들은 절망에 빠지지도, 노력을 멈추지도 않았다. 오히려 더 현실적이고 안정적인 삶으로 돌아왔다. 그리고 그 과정에서 깨달은 진리는 다음과 같았다.

"사실 우리는 스스로가 얼마나 평범한 사람인지 잘 알고 있습니다. 다만 마음 한구석에는 집착과 요행을 바라는 심리가 작용해, 어쩌면 남들보다 조금은 특별한 길을 걷게 되지 않을까, 큰 성공을 거두고 금의환향하여 전설처럼 기억되지 않을까. 그런 상상을 하게 되는 것뿐입니다. 평범함을 받아들이는 순간, 그 집착과 요행을 완전히 불태우고 허황된 꿈을 꾸지 않으며, 겸손히 운명을 받아들이게 됩니다. 그 순간, 우리는 더 이상 자신의 적도, 세상의 적도 아닙니다. 세상을 더 포용적인 시선으로 바라보기 시작하고, 서서히 자신을 받아들입니다. 그리고 감정을 통제하려고 노력합니다.

하지만 이는 세상에 굴복하겠다는 의미가 결코 아닙니다. 우리 안에는 여전히 뜨거운 열정이 남아 있습니다. 모든 것은 마음에서부터 시작됩니다. 평범할수록 열심히 노력해야 하고, 현실적일수록 단순한 일부터 시작해야 합니다. 뛰어난 천재와는 비교할 수 없으니 그저 열심히 노력하는 평범한 사람이 되면 됩니다. 인생을 헛되이 보내지 마세요. 차라리 스스로를 낮추는 것이 낫습니다. 굳이 정상에 올라 최고가 될 필요는 없습니다. 한 걸음 한 걸음 최선을 다하면 평범함 속에서도 남다른 사람이 될 수 있습니다."

이들에게 있어 평범함을 받아들이는 중요한 단계는 '노력을 포기하는 것이 아니라 자신에 대한 환상을 버리고 현실로 돌아오는 것'이다.

우리는 늘 '어딘가 다른 곳의 삶'을 상상한다. 돈이 있는 삶이 없는 삶보다 나을 거라 믿고, 미래의 삶이 현재보다 더 나을 것이라 기대하며, 다른 사람의 삶이 내 삶보다 더 빛나 보이기도 한다. 하지만 중요한 것은 지금 돈이 있든 없든, 무슨 일을 하든, 누구와 결혼하든, 누구에게나 인생은 단 한 번뿐이고, 그것이 지금 우리가 살고 있는 삶이라는 것이다. 다른 삶은 환상 속에만 존재할 뿐, 그것이 좋든 나쁘든, 평범하든 그렇지 않든, 그런 것은 아무 의미가 없다.

우리가 '평범함'을 기준으로 삶을 바라보면 무의식적으로 두 유형으로 나누게 된다. 하나는 독특하고 재미있고 거창한 삶이며, 다른 하나는 특별할 것 없는 평범하기 그지없는 삶이다. 우리는 전자를 성공한 삶, 후자를 실패한 삶으로 여기며, 오직 전자의 삶만이 살아갈 가치가 있다고 믿는다. 이런 이분법적인 사고방식 속에서, 우리는 평범함이나 비범함으로는 설명할 수 없는 '삶의 본질적인 가치들'을 자연스럽게 간과하게 된다.

딸이 어렸을 적, 내가 퇴근해 집에 돌아올 시간이 되면 어머니는 손녀를 품에 안고 나를 기다리곤 하셨다. 딸은 내가 오는 길을 가만히 바라보다가, 멀리서 내 모습이 보이기라도 하면 까르르 웃으며 작은 손을 힘껏 흔들곤 했다. 그리고 내가 문 앞에 도착할 즈음이면 두 팔을 벌리고 달려와 나를 꼭 안아 주었다. 이런 소소한 순간들은 평범한지 아닌지와는 무관하지만, 어쩌면 그것이야말로 삶에서 느낄 수 있는 가장 진정한 기쁨이 아닐까 싶다.

'쓸모없는 사람'의 쓸모

한동안 나는 앤 라모트^{Anne Lamott}의 『쓰기의 감각』이라는 책을 반복해서 읽었다. 이 책은 글쓰기에 관한 내용이라기보다는 글을 쓸 때 느끼는 다양한 감정의 변화를 다룬다. 곳곳에서 반짝이는 유머와 기지가 돋보이는 장난기 넘치는 문장들이 나를 사로잡았다. 특히 작가가 자신의 야심작 「아닐드」라는 단편을 쓰는 과정을 이야기하는 부분이 인상적이었다.

대머리에 턱수염을 기른 정신과 의사 아닐드는 어느 날 다소 우울한 여성 작가와 그녀의 남동생을 만난다. 남동생 역시 누나처럼 의기소침한 얼굴을 하고 있다. 아닐드는 심리학적 조언을 총동원해 그들을 위로하려 하지만, 그들의 우울을 해소하는 데 실패한다. 결국 심리학적 접근을 포기한 그는 체면을 내려놓고, 오리처럼 걷고 꽥꽥 소리를 내며 그들을 웃기려 한다. 그리고 작가는 엎친 데 덮친 듯 절망적인 일들이 한꺼번에 닥친 그들에게 잠시나마 위로와 용기를 주는 메시지를 던진다.

"내가 또 졌군! 하지만 이것 봐, 오리 소리를 내는 거라면 내가 전문이지!"

나 역시 이런 주제를 참 좋아한다. 비록 오리 소리를 내지는 못하지만, 길을 잃는 데는 꽤 익숙하다. 그게 복잡한 도시의 거리든 인생의 갈림길이든 말이다.

이 이야기에서 가장 인상적이었던 부분은 혼란스럽고 어려운 상황 속에서 서로를 도와주는 방식이었다. 상담가는 기술적 접근을 내려놓았고, 내담자는 심리적 방어를 내려놓았다. 그들은 인간의 본능인 관심과 선의로 서로를 대하며, 자연스러운 낙관의 태도로 따뜻함을 나눴다. 물론 이것이 문제를 해결했다는 의미는 아니다. 오히려 그들이 더 이상 해결책이 없음을 받아들인 사실이 이 이야기의 가장 흥미로운 지점이다. 어차피 해결할 수 없다면, 미래나 답을 찾아야 한다는 부담에서 벗어나, 그 순간의 따스함을 즐기고 감사하는 것. 어쩌면 그것만으로도 충분한지도 모른다.

아춘阿春 선생님은 작가이자 심리상담가로 활동하며, 어려움에서 벗어나는 방법에 대해 독특한 시각을 제시한다. 그녀의 '폐물론'은 많은 이에게 강렬한 인상을 남겼다. 누군가가 "다른 사람을 어떻게 거절해야 할까요?", "미루는 습관을 어떻게 고칠 수 있을까요?", "사회적 불안을 어떻게 극복할 수 있을까요?"라고 묻더라도, 그녀의 대답은 한결같았다.

"그냥 자신이 쓸모없는 사람이라는 것을 인정하세요."

처음 이 말을 들었을 때, 나는 그저 부정적이고 허무주의적인 발상이라고 생각했다. 심각한 우울증을 앓는 사람이 아니고서야 어떻게 그런 말을 할 수 있을까 싶었다. 하지만 시간이 지나면서, 나는 그 말 속에서 몇 가지 진실을 발견하게 되었다.

어차피 나는 '쓸모없는 사람'이니, 모든 일을 예측하거나 완벽하게 해낼 필요도 없다. 그렇다면 더 이상 어떤 일 앞에서도 부끄러워할 이유가 없지 않을까? 하고 싶은 일을 부담 없이, 오히려 더 자신감 있게 시도할 수 있게 되었다. 그 일이 성공할지 실패할지를 지나치게 고민할 필요도 없었다.

'어차피 나는 쓸모없는 사람이야!'

이 얼마나 편안한가! 앞서 이야기한 아널드처럼 완전한 절망에 빠진 사람을 도와줄 방법을 찾는 것을 포기하고, 그 사람 자체에 집중하는 게 오히려 더 큰 도움이 되지 않았던가. 물론 아무렇지 않게 '쓸모없는 사람'이 되기는 쉽지 않다.

아춘 선생님이 항저우에서 독자들과 만났을 때, 나도 그 자리에 있었다. 그 자리에서 한 여고생이 그녀에게 깊은 영향을 받았는지, 질의응답 시간에 수줍게 물었다.

"선생님, 선생님의 글을 읽고 저도 쓸모없는 사람이라고 자처하고 싶었지만, 매번 실패했어요. 달리기를 끝까지 하지 못하거나 과제를 마치지 못하면 항상 불안해지고, 자신을 자책하게 돼요. 어떻게 해야 좋은 '쓸모없는 사람'이 될 수 있을까요?"

나중에 이 이야기를 리송위李松蔚 선생님과 나눌 기회가 있었는데, 그의 대답이 유난히 인상적이었다.

"쓸모없는 사람도 제대로 되지 못한다면 이 얼마나 쓸모없는 사람인 거야."

영국의 유명 작가 알랭 드 보통Alain de Botton은 비관주의의 장점을 설파하는 강연에서 이렇게 말했다.

"삶의 본질은 고통이고, 인간의 본질은 타락이다. 이를 인정하는 것이야말로 삶에 대한 인내심을 키우고, 진정한 지혜를 배우는 길이다."

그는 이성적으로 살아가는 가장 좋은 방법이 철저한 비관주의로 사는 것이라고 했다. 예를 들어, 북유럽 사람들은 비가 온다고 해서 절대 화를 내지 않고, 이누이트족은 추운 날씨에 실망하지 않는다.

왜냐하면 비나 추위는 아무리 불편해도 그들의 예상 범위를 벗어나지 않기 때문이다. 그들에게 비나 추위는 삶의 평범한 일상일 뿐이다. 그는 우리가 평범한 삶에 대한 기대치를 낮추고 운명의 변덕스러움을 인정한다면, 삶에 대한 실망도 줄어들 것이라고 했다. 마찬가지로, 우리가 자신에 대한 기대치를 낮추고 언제든 무력해질 수 있다는 사실을 인정한다면 자신에게 덜 실망할 것이다.

이 말은 노벨 경제학상 수상자이자 심리학자인 대니얼 카너먼 Daniel Kahneman이 제시한 '전망 이론 Prospect Theory'을 떠올리게 한다. 이 이론에는 두 가지 중요한 개념이 있다. 첫째, 사람들은 손실을 피하기 위해 더 많은 노력을 기울인다. 같은 가치를 지닌 것이라도, 그것을 얻었을 때 느끼는 기쁨보다 잃었을 때 느끼는 고통이 훨씬 크기 때문에 우리는 상실의 고통을 피하려고 때때로 비합리적인 선택을 하곤 한다. 둘째, 손실과 이득은 절대적인 증가나 감소가 아니라 '기준점 Reference Point'에 따라 결정된다. 즉, 무엇을 손실로 여기고 무엇을 이득으로 여길지는 '무엇과 비교하는가'에 따라 달라진다.

이 이론을 자의식 self consciousness에 적용해 보면 사람들은 항상 자신을 향한 기대치를 바탕으로 기준점을 설정한다. 그리고 자신이 이 기대치에 얼마나 들어맞는지를 비교하며 자신이 좋은지 나쁜지를 판단한다. '쓸모없는 사람'과 환상 속의 '완벽한 자신'은 기준점의 양극단에 있다. 환상 속 자신이 완벽할수록 좌절하기 쉽고, 좌절할수록 자존감을 지키기 위해 환상 속 완벽한 자신에게 더욱 매달리는 악순환에 빠진다.

　이때 차라리 자신을 쓸모없는 사람이라고 인정하면 오히려 금세 자신이 그렇게까지 쓸모없는 사람은 아니라는 것을 알게 될 것이다. 예를 들어, 비록 과제를 제때 끝내지 못했더라도 친구에게 빌린 필기 노트를 깔끔하게 베껴 썼다거나, 달리기를 좋아하지는 않지만 그래도 새로 산 운동화를 신었을 때 조금은 기분이 좋아졌던 순간을 떠올릴 수도 있다. 완전히 쓸모없는 사람이라고 생각했다면, 이런 사소한 행동조차 의외로 긍정적인 면으로 작용할 수 있다.

　하지만 그렇다고 해서 누구나 이런 방식으로 스스로를 받아들이는 건 아니다. '자신이 쓸모없는 사람임을 인정하라'고 말하면, 대부분은 그 말을 쉽게 받아들이지 못한다. 만약 '더 나쁜 상황을 상상해 보라'고 권한다면, 오히려 그들은 그것을 거절하거나, 자신을 깎아내리는 말이라며 반감을 가질지도 모른다. 그들은 자신이 더 나은 삶을 살 자격이 있다고 여기기 때문이다. 그들을 더욱 괴롭히는 것은 '더 나은 삶을 살 수도 있었는데, 이미 그 기회를 놓쳐 버렸다'는 생각이다. 과거의 연인, 돈을 벌 기회, 좋은 직장 등 한 번도 얻지 못한 것들을 환상 속의 완벽한 기준점으로 삼아 자신을 상상 속 상실과 손해의 늪에 빠트려 헤어 나오지 못한다. 그런 이들에게 꼭 해 주고 싶은 말이 있다.

　"당신의 집에 폭풍이 불어 닥쳐, 집이 거의 산산조각 나고 무너졌다고 상상해 보세요. 그 상황에서 집 안을 찬찬히 둘러보며, 여전히 쓸 수 있는 것이 무엇인지, 다시 세우기 위한 기반이 될 만한 게 남아 있는지 살펴보는 거예요."

"그런데 정말 바로 눈앞에서 가지고 있던 게 다 사라져 버렸는데요? 왜 그런 일이 일어난 거죠? 정말 고통스러워요."

그럴 때 내가 해 줄 수 있는 말은 단 하나다.

"이건 자연재해예요. 우리가 어떻게 할 수 없는 일이죠. 하늘이 결정하는 거니까요."

그러면 내담자들은 다시 묻는다.

"이건 분명히 자연재해가 아니라 제가 자초한 일이잖아요. 제가 조금만 더 신중하고 현명했더라면 이런 일이 벌어지지 않았을 거예요. 제가 정말 싫어요."

나는 여전히 상상 속에서 살고 있는 내담자를 바라보니, 최근 나를 잠 못 들게 하는 내 안의 손해가 떠올랐다. 나 또한 이내 슬픔에 잠겼다.

"오리 우는 소리 들어본 적 있어요? 제가 한번 오리 소리를 내 볼게요!"

이상과 현실 사이에서 균형 잡기

예전에는 청년 시절이 인생에서 가장 격동의 시기라고 생각했다. 어떤 직업을 선택할지, 누구와 결혼할지, 어떤 삶을 살지 등 인생에서 중요한 결정을 내려야 하기 때문이다.

하지만 이제는 안다. 그런 혼란은 특정 시기에만 머무는 것이 아니라, 인생 전반에 걸쳐 주기적으로 찾아온다는 것을. 중년이 된 지금도, 혼란은 여전히 피할 수 없는 손님처럼 다가온다. 심지어 젊었을 때 '안정적인 삶'을 위해 가장 무난한 길을 선택했던 사람조차, 몇 년을 일한 뒤 다시 자기 자신을 찾아 나서기도 한다. 이상理想이란 자신을 찾는 여정에서 오는 신호와도 같아서 현실과 결합하기 전에는 아주 약하게 나타났다 사라지기 때문에 어느새 신호가 희미해지면 혼란에 빠지기도 한다.

　현실에 발맞추다 보면 대부분의 사람이 걷는 길을 따르게 되지만, 그 길은 생각보다 구불구불하고, 종종 자신의 진짜 소망과는 거리가 먼 경우가 많다. 반면, 이상을 따르면 미지의 세계로 들어서야 하며, 어떤 상황을 마주하게 될지 알 수 없다. 더 어려운 것은 우리는 항상 이상과 현실 사이에서 균형을 찾고 싶어 한다는 것이다. 자칫하면 이상을 잃어버릴까 봐, 혹은 세속적인 성공을 놓칠까 봐 두려워하며 갈팡질팡하기도 한다.

　얼마 전 조셉 캠벨Joseph Campbell의 저서 『영웅의 여정』을 읽었다. 그는 모든 영웅은 어느 시점에 자신에게 주어진 '부름'을 듣게 되며, 이 부름에 응답할 때 비로소 여정이 시작된다고 말한다. 캠벨은 대학에서 오랜 시간 학생들을 가르쳤는데, 그때를 돌이켜 보면 이 '부름'에 응답한 학생들은 나중에 더 많은 창의적인 일을 하고 더 높은 성취를 이룬 반면, 단지 주어진 규칙을 따랐던 학생들은 점차 평범해짐을 느꼈다는 것이다.

　그의 의견에 여러 생각이 들었다. 한편으로는 그 말에 공감한다. 이는 내 상황과 주변 사람들을 보면 그의 말이 경험적으로 맞는 것 같기 때문이다. 그러나 동시에 이상은 사람을 불안하게 만들기도 한다. 때때로 나는 자식을 아끼는 어머니처럼 그들이 많은 고난과 역경을 겪어야만 스스로 단련될 수 있다는 걸 알지만, 다른 한편으로는 그들이 조금 더 편안하게 살았으면 하는 마음도 있다.

나에게 보내온 독자들의 편지에서도 이런 불안이 여실히 드러난다. 한번은 해외에서 예술과 디자인을 공부하고 귀국한 여성 R을 만난 적이 있다. 학업을 마치고 돌아왔을 때 그녀는 적합한 일자리를 찾는 데 어려움을 겪었다. 자기 일을 사랑하는 건 분명하지만 그는 현실적인 고민도 해야 했다.

나는 그녀에게 물었다.

"만약 디자인을 할 수 없다면 어떻게 될까요?"

R은 잠시 머뭇거리더니 대답했다.

"아마 전 죽을지도 몰라요"

여기서 '죽음'은 하나의 은유다. 모든 이상 뒤에는 우리가 꿈꾸는 또 다른 자아가 있다. 그 자아가 현실에서 실현되지 못하면 이내 사라져 버릴 것이고, 그러면 이상도 아득한 꿈으로 남아 아련한 상실감으로 변할 것이다.

'자아' 역시 은유다. 이는 단순히 우리 자신만을 의미하지 않으며, 더 큰 공동체를 뜻한다. 한 젊은이가 나에게 "교수님, 저도 교수님처럼 상담사가 되어 다른 사람을 돕고 싶어요. 복잡한 인간의 내면을 탐구하고 다양한 생각을 가진 사람들과 깊이 있는 대화를 나누고 싶습니다."라고 말했다.

그가 어떤 의미로 이야기했는지 나는 이해한다. 나 역시 자아를 찾을 때 가장 먼저 생각한 것은 '누구처럼 되고 싶다'라는 것이었다. 마치 광야를 떠도는 사람이 어느 부족을 찾아 그들 안으로 들어가길 간절히 바라는 것과 비슷한 마음이었다.

나는 여러 가지 일을 하지만, 그중에서도 가장 중요한 정체성은 여전히 '심리상담사'다. 그러나 처음부터 이 정체성을 가졌던 것은 아니다. 오랫동안 심리학을 공부했음에도 여전히 부족함을 느끼고 명확한 시스템이나 기준이 잡혀 있지 않다 보니, 어디로 나아가야 할지 몰라 갈팡질팡할 때도 많았다. 그러다 ○○○ 지도교수님을 만나게 되었다. 교수님은 매우 엄격한 분이셨고, 내가 무슨 말을 해도 늘 '아니'라고 반응하셨다. 하지만 돌이켜 보면, 그 엄격한 기준과 날카로운 지적들이 내 사고를 정리하고 더 깊이 있게 생각하도록 도와주었다. 무엇보다도, 그 과정을 통해 나는 내게 가장 중요한 정체성을 갖게 되었다.

이 정체성은 기술이라는 연결 고리를 통해 이어진다. 하지만 나는 그 기술의 이면에 교수님과의 관계, 그리고 더 깊고 넓은 전문가 공동체와의 관계가 자리하고 있음을 알고 있다. 그것은 그 누구도 빼앗을 수 없는, 나만의 자아라고 할 수 있다.

이것이 바로 내가 자아를 찾는 과정에서 스승이 필요하다고 말하는 이유다. 스승은 당신이 가려는 길, 그 공동체에 대해 잘 알고 있을 뿐더러 당신을 그곳으로 안내해 줄 수 있는 사람이다.

마지막으로, 이상과 현실에 대해 여러분과 나누고 싶은 이야기가 있다. 예전에 명문대를 졸업한 Y가 내게 물은 적이 있다. 자신이 정말로 소설을 쓰고 싶은데, 그 이상을 따라도 될지 고민된다고 했다. 그에 대한 나의 대답은 이러했다.

"저는 당연히 당신이 졸업 후 소설을 쓰는 것을 지지합니다. 소설을 쓰면 반드시 성공할 것이라는 의미가 아니라, 이 세상은 똑똑하고 재능 있는 사람들에게 우호적이기 때문입니다. 당신은 해외의 명문대학에 합격했고(분명 쉽지 않았겠죠), 어린 나이에 또래들은 상상할 수 없는 다양한 경험을 했습니다. 그것만으로도 이미 소설 한 편은 완성한 셈이죠. 수정 작업도 호주에서 했다는 것은 당신이 뛰어나고 자원이 많다는 것을 충분히 증명해 줍니다. 똑똑한 사람들에게는 선택 자체가 문제가 되지 않습니다. 졸업 후 소설을 쓰는 것은 물론, 졸업하지 않고 소설을 쓴다고 해도 무방했습니다.

어쩌면 당신은 유명한 소설가가 될 수도 있고, 어쩌면 그렇지 않을 수도 있습니다. 또 당신은 다른 사람들보다 더 빨리 목표에 도달할 수도 있고, 혹은 몇 번 더 돌아갈 수도 있습니다. 이 모든 것은 중요하지 않습니다. 중요한 것은 당신이 길을 떠나기만 하면 결국 당신이 가고자 하는 곳에 도달하게 될 것이며, 그곳이 어디든 당신에게 가장 잘 맞는 자리를 찾게 될 것이라는 사실입니다.

얼마 전 폴 터프Paul Tough의 『아이는 어떻게 성공하는가』라는 책을 읽었는데, 곳곳에서 저자의 미국 교육에 관한 관심과 사명감이 느껴지더군요. 정말 읽는 내내 깊이 감동했습니다. 원래 《뉴욕타임스》의 편집장으로 활동했던 저자는 이 책을 쓰기 위해 직장까지 그만두었습니다. 그가 직장을 그만둔 점이 감동이라는 것이 아니라, 대학생들의 자퇴율을 줄이기 위해 교육계가 노력해야 한다고 이야기하면서, 정작 자신도 컬럼비아대학교 언론학과를 중퇴했다는 사실을 고백하는 부분이 특히 인상적이었습니다. 그의 말에 따르면 자신의 인생에는 조금 더 많은 반항과 가능성이 있어야 한다는 생각이 들었고, 그 마음이 히피 문화로 이끌었으며, 결국 그 길을 선택하면서 학교를 떠나게 되었다고 해요. 그럼 그가 중퇴한 것을 후회했을까요? 아닙니다. 저는 그의 경험이 그가 미국 교육에 관심을 두게 된 배경 중 하나라고 생각해요. 어쩌면 그는 자신의 특별한 운명으로 받아들였을지도 몰라요. 이후 그는 다시 주류 사회로 돌아왔고, 기자와 편집장이 되었어요. 그리고 이 책을 썼죠.

제가 하고 싶은 말은 저자가 학교를 중퇴하고 히피 생활을 한 것처럼 크게 돌아가긴 했지만 결국 다시 돌아왔다는 거죠. 그에 비하면 졸업 후 소설 쓰기는 훨씬 작은 위험이라는 것입니다. 그러니 너무 걱정할 필요 없습니다. 다만 제가 우려하는 부분은 지금 당신이 다소 흥분 상태에 있으며, 모든 것을 단호하고 결연하게 생각하고 있다는 것입니다. 그러면 자신의 선택과 희생을 지나치게 무겁게 여길 수도 있거든요.

지금 엄청난 열정에 휩싸여 있는 것 같네요. 누구든지 어려운 결정을 내릴 때 이러한 열정이 필요하긴 하지만 때로는 과도한 열정이 현실을 제대로 보지 못하게 만들기도 합니다. 가장 쉽게 왜곡되는 현실은 열정이 우리를 세상에 맞서는 영웅처럼 느끼게 한다는 것입니다. 이 영웅 이야기를 더 완전하고 더 위대하게 만들기 위해 우리는 가상의 적을 만들어 내기 쉽고, 우리가 직면한 고난을 과장하기도 합니다. 하지만 이상을 실현하는 것 자체가 이미 쉽지 않기 때문에 굳이 적이나 고난을 추가로 만들 필요는 없습니다. 특히 그 적이 '삶'이어서는 안 됩니다. 당신의 소설을 위한 소재로는 가능하겠지만 말이죠. 소설을 쓰겠다는 선택이 그리 어려운 것은 아닙니다. 삶을 모두 단절할 필요도 없고, 성공하지 못하면 끝이라는 식으로 생각할 필요도 없습니다. 적어도 제가 보기에는 당신이 겪은 그간의 경험들이 소설을 쓰겠다는 선택보다 훨씬 더 어려웠을 겁니다.

많은 사람이 현실에서 벗어날 수 없다고 말하며, 마치 현실이 자신을 가로막는 적인 양 여기곤 합니다. 절대 그렇지 않습니다. 마치 출항을 앞둔 배가 목표와 자신 사이에 펼쳐진 드넓은 바다를 보고, 바다를 자신과 목표 사이를 가로막고 있는 적으로 착각하는 것과 같은 맥락입니다. 그러나 실제로 바다는 당신을 그곳으로 데려다줄 수 있습니다. 만약 당신과 이상 사이에도 현실이라는 바다가 가로막고 있다면 그 바다를 원망하지 마세요. 어쩌면 그 바다가 당신을 그곳으로 데려다줄 수도 있거든요. 그러니 현실이 당신과 이상을 가로막고 있다고 탓하지 마세요. 그저 당신만의 배를 찾아내세요. 그 배가 당신을 그곳으로 데려다줄 것입니다."

"제가 원하는 삶과
거리가 먼 현실 때문에 힘들어요."

아름다운 이상이 차가운 현실과 마주할 때, 자신을 바꿔야 할까요? 아니면 현실에 순응해야 할까요? 만약 바꿔야 한다면 어떻게 바꿀 수 있을까요? 이어지는 독자의 편지를 통해 함께 이야기해 봅시다.

선생님을 알게 된 이후로 항상 편지를 드리고 싶었지만 혼란스러운 제 마음을 어떻게 표현해야 할지 몰라서 망설였습니다. 하지만 이제는 용기를 내어 이 편지를 씁니다. 이 글을 통해 제 복잡한 생각을 정리해 보고자 합니다.

현재 다니는 직장과 업무가 저를 너무 힘들게 합니다. 일이 저와 잘 맞지 않는 것 같은데, 그렇다고 무엇을 해야 할지도 모르겠습니다. 지금의 직업에 대한 혐오감, 새로운 일에 대한 불안, 그리고 제 자신에 대한 극도의 불신이 저를 숨 막히게 합니다.

올해 저는 26세이며, 명문대를 졸업했습니다. 졸업 후 글로벌 기업에 성공적으로 입사했지만, 과도한 업무로 인해 워라밸work-life balance을 유지할 수 없어 1년 만에 퇴사했습니다. 아마 그것이 가장 큰 이유였을 것입니다. 사실 저도 정확히는 모르겠습니다. 이후 대학원 진학을 시

3장 ◦ 평범함을 받아들인다는 것   125

도했으나, 뜻대로 되지 않았습니다. 거의 2년 동안 수입이 없었고 사회 생활도 멈췄으며, 가정에도 어려움이 생겨서 앞길이 막막했습니다. 제 선택과 능력에 대한 의심은 저를 몇 번이나 감정적으로 무너뜨렸습니다. 그래서 다시 일을 찾기 시작했고, 기회가 주어진다면 반드시 열심히 하겠다고 다짐했습니다. 예상대로 구직 과정은 순탄하지 않았지만, 다행히 새로운 기회를 얻게 되었습니다.

하지만 또다시 지금 하는 일이 너무 싫습니다. 가능한 한 빨리 이곳에서 벗어나고 싶은 생각뿐입니다. 회사에서 요구하는 기준을 전혀 충족할 수 없고, 원칙에 어긋나는 일을 하는 것도 저를 불편하게 합니다. 과연 이곳에서 장기적인 발전을 이룰 수 있을지 모르겠습니다. 솔직히 그럴 의욕도 없습니다. 1년 동안 버틴 이유는 잦은 이직으로 제 커리어에 부정적인 영향을 줄까 봐 걱정됐기 때문입니다. 물론 아직 새로운 이상적인 직업을 찾지 못했기 때문이기도 합니다.

다음 단계를 생각하면 혼란스럽기만 합니다. 제가 무엇을 할 수 있을지, 무엇을 하고 싶은지도 모르겠습니다. 분명히 새로운 직업을 원하지만, 기약 없이 미루고만 있는 상황입니다. 졸업한 지 4년이 지났는데도 아직 전문 분야나 기술이 전혀 없다는 사실이 스스로 아무것도 할 수 없는 사람으로 느껴지고, 자신이 좋아하는 일을 찾아 몰입하는 사람들을 보면 그저 부러울 뿐입니다. 각종 구직 사이트를 열기만 해도 머리가 아픕니다. 명확한 목표가 없어서 어떤 직종에 이력서를 보내야 할지도 모르겠습니다. 일을 찾는 것만 생각하면 짜증이 나고 머리가 지끈거리고 불안해집니다.

졸업한 지 4년, 이제는 서른을 준비해야 할 시점에 두 번의 직장 경험과 2년의 공백이 있습니다. 저는 스스로 아무런 가치도 없고, 사회에 자리를 잡을 만한 자본이나 능력도 없다고 느낍니다. 저 역시 제가 좋아하는 일을 찾아 집중하고 싶지만, '자기 자신도 먹여 살릴 수 없는데 무슨 돈으로 좋아하는 일을 하고 집중하겠다는 거야?', '아무 경험도 없는데 새로운 일을 시작하다니, 그럼 대학에서 배운 것이 무슨 의미가 있어?'라는 생각 때문에 일부러 더 피하고 싶어 하는 건지도 모르겠습니다.

제가 원하는 저의 모습은 '좋아하는 일'에 전념하는 사람입니다. 하지만 지금의 저는 그저 생계를 위해 억지로 일하고 있을 뿐입니다. 지금의 상황을 바꿀 수 없다는 사실에 답답하고, 20년 넘게 살아도 여전히 너무 혼란스럽고 무능력한 제 모습에 화가 납니다. 저는 늘 다른 사람이 저보다 더 잘할 거라고 생각하는데, 이런 제가 너무 싫습니다. 이제는 저를 구해 주고 싶어요.

제 편지를 읽어 주셔서 감사합니다. 답장을 기다리고 있겠습니다.

"과거의 활력 있던 나를 되찾고 싶습니다."

저는 지금 좋아하지 않는 일을 하고 있지만, 그 일이 제 삶의 전부가 되어버렸습니다. 이 일에서 저는 어떠한 성취감도 느끼지 못한 채 일을 미루는 데 급급하며 불안과 '이만큼이라도 해냈다'라는 일시적인 안도감 속에서 하루하루를 살아가고 있습니다. 언제부터인지 모르겠지만 저는 아무것도 해낼 수 없다고 느끼기 시작했습니다. 부정적인 감정에 사로잡혀 사소한 어려움도 크게 확대하여 해석하게 되는데, 도대체 어떻게 해야 좋을지 모르겠습니다.

믿으실지 모르겠지만 예전의 저는 이렇지 않았습니다. 그때만 해도 순수하고 자신감이 넘쳤으며, 무엇이든 해낼 수 있을 것 같은 기분이었습니다. 제가 쓴 글이 모범 에세이로 자주 소개될 정도로 글솜씨도 꽤 좋았습니다. 하지만 지금은 몇 년간의 공학 교육을 받으면서 일기조차 제대로 쓸 수 없게 되었습니다. 책을 너무 좋아해서 정치, 철학, 법률, 외국 문화에 관한 책도 많이 읽었는데, 지금은 1년에 10권도 채 못 읽습니다. 또 그때는 활력이 넘쳐서 매일 10시간 이상 공부해도 시간 가는 줄 몰랐는데, 지금은 하루에 몇 시간만 일해도 에너지가 고갈되고 쉽게 지칩니다. 그때의 저는 용감하고 결단력이 있었으며, 무엇이든 시도해 보는 걸 좋아했습니다. 지금은 무엇을 하려고 하면 이런

저런 어려움이 먼저 떠오릅니다. 어느새 제가 사는 세상은 위기투성이가 되어 버렸습니다. 그렇다고 과거에 다른 행성에 살았던 것도 아니고, 제가 다른 사람이 된 것도 아닌데 이래서는 안 되는 거잖아요.

저는 매일 끊임없이 반성하며 자책하기도 합니다.

"네가 좋아하지 않는 일을 하고 있으니까 그렇지, 좋아하는 일을 찾기만 하면 이 상황에서 벗어날 수 있을 거야."

꿈속에서 전 남자친구가 나타나 소리치기도 합니다.

"넌 전혀 노력하지 않아, 그저 책임을 회피하려는 거야!"

그렇습니다. 지금은 제가 해야 할 일에 오랜 시간 집중하는 것이 너무 어렵습니다. 집중력뿐만이 아니라, 자신감도 의지력도 모두 사라진 지 오래입니다. 제가 아무리 노력해도 이 상황을 바꿀 수 없다는 것도 알고 있습니다. 그러다 문득 제가 이렇게 된 건 바로 저 때문이라는 사실을 깨달았습니다. 선생님께서 말씀하신 것처럼 의지력은 책임을 지고 도전에 맞서기 위해 존재하며, 그 과정에서 의지력은 근육처럼 단련됩니다. 오랫동안 의지력을 사용하지 않고 아무것도 하지 않으려고 하면 의지력은 퇴화하여 점점 아무것도 할 수 없게 됩니다. 제 상황이 지금 그렇습니다.

이것을 깨닫고 나니 엄청난 후회와 슬픔이 몰려왔습니다. 앞으로도 계속 이렇게 지내야 한다면 정말 끔찍할 것 같습니다. 현실에 떠밀려 자신이 좋아하지도 않고 성취감도 느끼지 못하는 일을 할 때, 가장 무서운 것은 그 일을 잘하지 못하는 것이 아니라, 그 일이 한 사람을 완전히 바꾸어 놓을 수 있다는 사실입니다. 지금의 저는 의지력도 자신감도 부족하고, 에너지마저 고갈된 상태입니다. 그래서 무언가를 해내는 일이 참으로 어렵게 느껴집니다. 저는 이것이야말로 지금의 문제를 근본부터 흔들고 있는 원인이라고 생각합니다.

그러나 이 답이 단지 저의 환상에 불과하다면 어떻게 될까요? 좋아하는 일을 찾으면 정신이 번쩍 들고 다시 예전의 저로 돌아갈 수 있을 거라는 환상 말입니다.

이쯤 되니, 왠지 답을 찾은 것 같은 기분입니다. 선생님도 상담을 하시다 보면 내담자가 이야기를 하면서 스스로 답을 찾아가는 모습을 종종 보신 적이 있으시겠죠. 저는 어떻게든 찾아야 하고, 시도하고, 변화해야 합니다. 조금 두렵긴 하지만 지금의 업무가 아닌 다른 어렵지 않은 일들을 시작하면서 조금씩 자신감을 회복하고 의지력을 키워 나가야 할 것 같습니다. 지금 당장 직장을 그만두지는 않겠지만, 인턴이나 아르바이트를 구하거나 시험에 도전해 보려 합니다. 그리고 이 순간, 선생님께 편지를 쓰고 있는 것처럼, 더는 의심하거나 현실을 부정하며 걱정만 하지는 않겠습니다.

아주 작은 한 걸음 내딛기

깜짝 놀랐습니다. 제 메일함에 두 통의 편지가 도착했는데, 마치 복사해서 붙여넣은 것처럼 비슷하더군요. 두 분은 서로 다른 도시에서 각자 다른 일을 하지만 비슷한 고민을 하고 계신 것 같네요. 어느 편지에 먼저 답장할지 오래 고민하다가 결국 두 분께 한 번에 답장하기로 했습니다. 이런 신기한 인연을 굳이 감출 필요가 없을 것 같아 두 분이 서로의 존재를 알았으면 좋겠습니다. 이 세상에 나와 같은 고민을 하는 누군가가 있다는 것만으로도 큰 위로가 되기도 하거든요. 그런데 이런 고민은 결코 두 분뿐만이 아니라는 사실을 꼭 기억했으면 좋겠습니다.

얼마 전, 30대 중반의 남성을 만났습니다. 그는 한때 사업을 했지만 지금은 음악가로 활동하고 있습니다. 대학 시절부터 밴드 활동을 해왔고 졸업 후에도 음악의 길을 가고 싶었는데 부모님의 반대에 부딪혔습니다. 대학 교수였던 부모님은 음악이 '제대로 된 직업'이 아니라며 강하게 반대했고, 결국 그는 꿈을 접을 수밖에 없었습니다. 이후 부모님의 뜻에 따라 회사를 설립해 직원 300명 규모의 사업가로 성장하며 그럭저럭 성공적인 길을 걸었습니다. 겉으로 보기엔 그의 삶은 순조로워 보였지만, 마음 한구석에는 채워지지 않는 갈망이 늘 자리하고 있었습니다.

35세가 되던 해, 원래 건강했던 그의 친한 친구가 갑작스럽게 심장병으로 세상을 떠났습니다. 떠나기 전 친구는 그에게 이런 말을 남겼습니다.

"인생은 짧아, 네가 정말 하고 싶은 일을 했으면 좋겠어."

친구가 세상을 떠나자 그는 회사를 매각하고, 음악 제작자를 찾아가 다시 밴드를 조직하고 앨범 작업을 시작했습니다. 그 후 두 장의 앨범을 발매했고, 비록 대중적으로 널리 알려진 뮤지션은 아니지만, 여러 음악 페스티벌에서 그의 이름을 찾아볼 수 있습니다. 그의 음악은 특별히 독창적이거나 화려하지는 않을지 몰라도, 저와 이야기를 나누는 동안 그의 표정은 더할 나위 없이 평온해 보였습니다.

그에게 사업가로 지냈을 때와 음악가가 된 후의 차이를 물어보았습니다. 그는 이렇게 답했습니다.

"예전에 사업을 할 때는 사람들에게 '저는 어느 회사의 대표입니다'라고 소개하면 마음이 불편했습니다. 비즈니스 자리에서는 언제나 스스로를 설득하고 채찍질해야 했죠. 하지만 이제는 그렇지 않아요. 사람들에게 '저는 음악을 하고 있습니다'라고 말할 때, 전혀 거리낌이 없고 마음이 정말 편안합니다."

두 분의 편지는 사실 중요한 메시지를 담고 있습니다. '우리가 과연 이상理想을 논할 자격이 있는가' 하는 질문이지요.

맞아요. 이 사회는 철저히 현실적입니다. 자원은 한정되어 있고, 사회는 언제나 일부 사람들에게 원치 않는 일을 강요합니다. 우리는 스스로를 설득하듯 끊임없이 노력해야 하며, 성실해야 한다고 다짐합니다. 하지만 반복되는 무의미한 업무 지체, 설명할 수 없는 불안감, 한밤중에 문득 찾아오는 공허함은 우리에게 분명히 말해 줍니다. 우리는 시간을 낭비하고 있으며, 나아가 생명을 허비하고 있다고. 그리고 형편없는 일의 가장 나쁜 점은 우리의 능력을 의심하게 만들고, 결국 '나는 이 정도밖에 할 수 없는 사람'이라고 믿게 만든다는 것입니다.

두 분 모두 명문대를 졸업했고, 사회의 밝은 면을 더 많이 경험해 왔기에 오히려 부조리한 현실을 견디기가 더 어려울 수도 있습니다. 만약 명문대 졸업장만을 내세운 채 취업 시장에 뛰어든다면, 고용주나 인사 담당자들에게 냉소적인 반응을 받을 수도 있습니다. 명문대 졸업장이 취업 시장의 황금 보증수표도, 밝은 미래로 가는 통행권도 아니기 때문입니다. 그러나 그것이 아무것도 보장해 주지 않는다 해도, 당신들의 마음속에는 '자부심의 씨앗'이 심어져 있습니다. 그리고 이 자부심은 어떤 삶의 고난을 겪더라도 쉽게 사라지지 않을 것입니다.

이 자부심을 어떻게 평가해야 할까요? 평범함에 대한 불만이 없었다면, 두 분은 이렇게 많은 혼란과 좌절, 그리고 자기 의심에 빠지지 않았을 겁니다. 반면, 이 자부심이 없었다면 더 나은 자신이 되고자 이렇게 고집스럽게 노력하지도 않았을 겁니다.

저 역시 여러 번 직업을 바꿨습니다. 매번 직업을 바꿀 때마다 많은 고통과 혼란을 겪었습니다. 가끔은 왜 그냥 편안하게 평범한 일을 할 수 없는지 제게 묻곤 합니다.

그러다 깨달았습니다. 서양 종교 전통에서는 사람이 죽은 후 마지막으로 하느님의 심판을 받는다고 합니다. 만약 제가 그 심판대 앞에 섰다고 생각해 보면, 하느님은 아마도 이웃집 아주머니처럼 '얼마나 많은 돈을 벌었는지, 얼마나 큰 집에 살았는지' 같은 질문을 하지는 않으실 겁니다. 대신, 이런 질문을 던지시겠지요.

"내가 너에게 준 인생을 낭비하지 않았는가? 너는 네가 가진 모든 노력을 다해 잠재력과 가치를 실현하려고 애썼는가?"

그러면 저는 이렇게 대답할 겁니다.

"네, 저는 많은 것을 놓치기도 했고, 망설이며 물러나기도 했습니다. 하지만 최선을 다했고 절대 포기하지 않았습니다."

그러면 하느님은 말씀하시겠지요.

"그렇다면 나에게 증명해 보아라."

그때 저는 자랑할 만한 성과를 내놓지 못할 겁니다. 설령 있다 하더라도 그분 앞에서는 그것이 아무런 의미가 없을 것입니다. 하지만 저는 제 상처를 보여 줄 것입니다. 그 상처들은 불안과 망설임, 후회와 미루기, 고뇌와 투쟁, 뜨거운 열정과 어리석음, 밤마다 뒤척이며 잠들지 못한 시간, 그리고 세월이 가면서 서서히 가라앉은 아픔입니다. 저는 그 상처들을 훈장처럼 자랑스럽게 보여 줄 것입니다. 그리고 이렇게 말할 것입니다.

"저는 최선을 다했습니다. 이것이 그 증거입니다. 저는 이상을 위해 많은 상처를 받았고 견뎠습니다."

지금 여러분도 '이상理想'을 위해 상처받고 있습니다. 평범한 사람이 이상을 이야기할 자격이 있는지는 중요하지 않습니다. 우리는 이미 꿈꾸는 삶에 대해 고민했고, 그 이상은 우리 안에 흔적을 남겼습니다.

그렇다면 이상적인 직업이란 무엇일까요? 저는 '자기 결정이론self-determination theory'의 관점을 믿습니다. 이상적인 직업은 다음의 세 가지 조건을 충족해야 합니다.

1. 관계성(안전감): 안정적인 환경과 인간적인 유대가 있어야 합니다.
2. 효능감: 자신의 재능과 잠재력을 발휘할 수 있어야 합니다.
3. 자율성: 스스로 결정하고 선택할 수 있어야 합니다.

간단히 말해서 물질적으로 안정적이면서도 자신의 재능과 잠재력을 발휘할 수 있으며, 스스로 무언가를 결정할 수 있어야 한다는 의미입니다. 하지만 지금의 사회적 분위기를 보면 이상적인 직업을 찾을 기회가 매우 드물어서 끊임없이 노력해야 합니다.

저는 낙관적인 편이라 여러분이 결국에는 좋아하지 않는 직장에서 벗어나 이상적인 안식처를 찾을 것이라고 확신합니다. 그게 1년이 걸리든, 2년이 걸리든, 혹은 3년이 걸리든 상관없이, 몇 번의 우여곡절을 겪더라도 언젠가는 순조로운 항해를 시작할 수 있을 것입니다. 비록 지금은 막막하고 불안하고 자신에 대한 의심으로 가득하겠지만, 그 뒤에는 당신들만의 자부심이 있습니다. 그 자부심이 당신들이 결코 성취감을 느낄 수 없는 일에 안주하지 않도록 할 것입니다.

이제 확실해졌다면 '이 일을 그만둘 수 있을까?'라는 불안함을 잠시 내려놓고, 어떻게 이 과도기를 잘 보내면 좋을지 고민해 보면 좋겠습니다. 과도기가 아무리 길어도 확정된 결과가 나오기 위한 과정에 불과할 뿐이라는 것을 기억하세요.

혹시 소설 읽는 것을 좋아하시나요? 대부분의 소설 속 주인공은 엄청난 무공을 익히거나 영웅이 되기 전에 억울한 환경에서 고난을 겪는 시기를 겪습니다. 무협 소설 『사조영웅전』의 곽정은 출생 전 아버지를 잃고 이후 복수를 위해 살아갔으며, 『신조협려』의 양과 역시 소용녀를 만나기 전, 그를 반기지 않는 전진교에서 외로운 생활을 견뎌야 했죠. 『해리 포터와 마법사의 돌』에서 해리 포터 역시 호그와트에 입학하기 전, 이모네 집에서 차별을 받으며 힘든 시간을 보냈습니다.

작가는 왜 이런 장면을 설정했을까요? 그것은 이야기 속 인물들이 삶의 어려움을 이해하지 못하면, 아무런 소망도 생기지 않기 때문입니다. 소망이 없으면 성공도 아무런 의미가 없을 것입니다. 지금 여러분의 인생도 그런 장면 가운데 놓여 있을지 모릅니다. 미래의 길이 눈 앞에 펼쳐지기 전에, 이 힘든 시기가 여러분에게 '무엇을 가르치려고 하는지' 생각해 볼 수 있습니다. 어쩌면 '이토록 혼란스러워하거나 자신을 의심하지 않았다면, 지금 이 삶의 의미를 더 잘 이해할 수 있지 않았을까?'라고 생각할 수도 있겠지만, 저는 그렇게 생각하지 않습니다. 오히려 '혼란'과 '자기 의심'이야말로, 이 시기의 어려움이자 그 자체로 중요한 의미를 지닌다고 생각합니다.

이 힘든 시기의 의미를 이해하기 위해 우리는 과도기를 겪으면서 두 가지 질문을 자문해 볼 수 있습니다.

1. 나중에 이상적인 직업을 찾는다면, 지금 이 직업에서 배울 수 있는 것은 무엇일까?

   대부분의 능력은 어디서나 활용될 수 있습니다. 비록 현재의 일이 내 이상과 거리가 멀더라도, 그 안에서 배울 수 있는 것들은 분명 존재합니다. 이미 '적진'에 들어온 이상, 배울 것은 배우고 떠나는 것이 더 현명한 선택이겠죠.

2. 나중에 이상적인 직업을 찾는다면, 오늘 내가 할 수 있는 가장 작은 한 걸음은 무엇일까?

   모든 변화는 긴 준비 기간이 필요합니다. 그리고 가장 작은 한 걸음을 내딛는 것조차 쉽지 않습니다. 아주 작은 한 걸음이라도 우리는 자신의 '심리적 안전지대'를 돌파해야 합니다. 이 작은 걸음은 성공과는 상관없습니다. 중요한 것은 '행동'입니다. 현재

직장에서 급여를 받고 있는 만큼, 안정적인 상황에서 새로운 시도를 해 보는 것도 좋은 방법입니다.

혹여나 지금의 직장에서 배운 것이 아무 의미 없어 보일지라도, 적어도 '인내심'만큼은 반드시 배울 수 있습니다. 때로는 인내 속에서 내면을 단련할 때, 비로소 새로운 자아를 발견할 수 있습니다. 그러니 너무 조급해하지 마세요. 하루빨리, 이상적인 자신에게 다가갈 수 있길 바랍니다.

사례 3

"노력하는 과정은 행복한데,
결과는 언제 나타날까요?"

너무 늦게 출발한 사람에게 '노력'은 어떤 의미일까요? 어떻게 노력하는 것이 '올바른 자세'일까요? 다음의 독자 편지로 이 문제를 함께 탐구해 봅시다.

저는 올해 28세입니다. 뭐든 작은 성과라도 얻어야 할 나이인데, 아직 아무것도 이루지 못했습니다. 저는 너무 늦게 깨달았고, 너무 늦게 진로를 결정했으며, 그제야 노력하기 시작했습니다. 지금까지 미래에 대한 아무런 준비 없이 허송세월한 느낌입니다. 그래서인지 혼자 길거리를 헤매고 떠도는 상상이 자꾸 떠올라 그때마다 불안감에 몸서리칠 때가 많습니다.

제 나이에 무언가를 새로 시작하는 건 확실히 쉽지 않습니다. 어느새 두려움과 불안함은 동반자가 되었습니다. 매일 퇴근하고 집에 돌아와 밤늦게까지 공부합니다. 하루 6시간 정도 자는데, 주말에도 학원에 다녀야 해서 따로 쉴 수 있는 날이 없습니다(대학원 입시는 아닙니다). 그래도 공부할 때만큼은 너무 즐겁고 피곤함을 느끼지 않습니다.

저는 인내심이 강한 편인데, 요즘 들어 쉬는 것을 매우 두려워한다는 것을 깨달았습니다. 큰 목표를 작은 목표로 나누고, 그에 맞춰 학습 계획도 세웠습니다. 그런데 가끔 밤에 공부 효율이 떨어지거나 졸음이 오고, 다른 일 때문에 공부를 못 하게 되면 가슴이 답답해지면서 낙담합니다. 또 인생을 낭비했다는 생각에 끝임없이 자책합니다.

저에게 이제 시간을 낭비할 여유 따위는 없습니다! 시작도 늦었을 뿐더러, 저보다 유능한 사람들은 더 젊고 더 열심히 일하고 있습니다. 저는 놀 자격이 없습니다. 좀 더 젊고, 좀 더 치열하게 달려야 했던 그때 대체 누가 쉬엄쉬엄하라고 쓸데없는 조언을 한 건가요.

어쩌다 목표가 너무 멀게 느껴질 때면 제가 너무 순진해서 포기하지 않는 것은 아닌가 하는 의심이 들기도 합니다. 의욕이 저하될 때면 이렇게 열심히 일하다 돌연사라도 하면 차라리 좋겠다고 생각하기도 합니다. 그러면 해방될 테니까요. 하지만 동시에 너무 쉽게 낙담하는 나약한 저 자신이 너무 싫습니다. 저보다 더 고생하고 더 큰 스트레스를 받았을 수많은 사람을 생각해 보면 저는 단지 고난에 익숙하지 않고, 좌절에 대한 저항력이 너무 약한 것 같다는 생각이 듭니다. 앞으로 이런 날들이 얼마나 더 계속될까요?

진지하게 고민해 봤는데, 아무래도 저는 기초가 부족하고 제가 좋아하는 분야의 경쟁이 너무 치열해서 성공하지 못할 것 같습니다. 하지만 인생은 단 한 번뿐이니, 반드시 제가 좋아하는 일을 하고 싶어요. 저는 과정을 중요하게 여기는 사람이라 좋아하는 일을 몰입해서 할 때, 그 과정에서 완전한 행복감을 느낍니다.

조금이라도 노력한 결과가 빨리 나타났으면 좋겠습니다. 그래서 하루빨리 사랑하는 사람에게 더 나은 삶을 선물하고 싶습니다. 그런데 지금의 제 능력으로는 그 어떤 사람에게도 사랑을 약속할 수 없다는 생각이 들어서 평생 외로움이 동반된 삶을 살지 않을까 걱정입니다. 물론 이런 문제는 서두른다고 해결되지 않는다는 것도 알고 있습니다. 그래서 자문해 보곤 합니다.

'지금 뭘 해야 조금이라도 만족감을 느낄 수 있을까? 매일 초 단위로 쪼개서 미친 듯이 일한다면 과연 얼마나 더 버틸 수 있을까?'

마지막으로 선생님께 묻고 싶습니다. 늦게 시작한 사람이 기나긴 도전 속에서 희망이 보이지 않을 때, 어떻게 하면 흔들리지 않고 살아갈 수 있을까요? 매일 충실히 살아야 한다는 것은 알고 있지만, 절망과 게으름, 나태함이 불쑥불쑥 찾아오는 순간들이 있어 그 과정이 쉽지만은 않습니다.

급변하는 시대 속에서 저만의 속도로 걸어가도 괜찮을까요? 그렇게 걸어가면서도 진정한 행복을 찾을 수 있을까요?

심리 솔루션

노력 자체가 인생의 목표가 되어서는 안 된다

먼저 28세 때 어떤 계기로 갑자기 '아무것도 이루지 못한' 과거에서 깨어나 '미친 듯이' 열심히 살게 되었는지 궁금합니다. 성공과 관련된 자기계발 서적을 읽으셨나요, 아니면 매력적인 사람이 나타나 그 사람의 마음을 사로잡기 위해 더 나은 사람이 되기로 결심한 걸까요?

분명한 건, 당신은 지금 아주 열심히 '노력'하고 있다는 사실입니다. 그런데 너무 몰입한 나머지 잠시라도 쉬면 금세 우울해지는 것 같아요. 저는 당신이 '노력'이라는 방식으로 삶과 맞서고 있다고 느껴집니다.

우리 사회에서 '노력'은 언제나 올바른 가치로 여겨집니다. 하지만 사람마다 노력의 동기는 다르고, 그 노력에서 얻는 결과와 감정도 다 다를 수 있습니다.

예전에 대학원 입시계의 인기 강사이자 슈퍼 인플루언서인 뤄용하오罗永浩가 자신의 젊은 시절을 회상하며 쓴 글을 본 적이 있습니다. 당시 그는 고등학교를 졸업한 후, 대학에 진학하지 않고 길거리에서 장사하면서 독학으로 영어를 공부했습니다. 어려운 환경 속에서도 자신의 미래를 위해 고민하고 노력을 멈추지 않았어요. 나태해지지 않기 위해 그는 성공에 관한 책을 자주 읽었다고 합니다. 그런 책을 읽고 나면 동기부여가 확실해져서 일주일 동안 미친 듯이 일할 수 있었다고 하죠. 그렇게 그는 스스로 지식의 기초를 다져 나갔습니다.

얼마 전 뤄용하오의 인터뷰를 보았는데, 그가 창업 과정에서 겪었던 이야기를 들려주었습니다. 이제 그는 더 이상 방황하는 젊은 청년이 아니라, 어느새 성숙한 중년이 되어 있었습니다. 그는 스마트폰 회사 스마티잔Smartisan을 창업하면서 생산 능력 부족, 품질 문제, 배송 지연 등 수많은 난관을 마주해야 했습니다. 아마도 그 시기가 시장에서 그의 회사를 향한 비난과 조롱이 끊이지 않았던 때였을 것입니다. 뤄용하오는 밤낮없이 일하느라 한 달 동안 집에 들어가지도 못했다고 합니다. 그렇게 혹독한 시간을 보내는 동안, 어느새 머리는 희끗해지고 체중도 크게 늘었다고 하죠.

미친 듯이 노력했던 그의 과거와 현재는 어떤 차이가 있었을까요? 저는 젊은 시절의 뤄용하오가 단순히 열심히 노력한 것뿐만 아니라,

자신이 노력하고 있다는 느낌을 필요로 했다고 생각됩니다. (왜 그랬을까요?) 하지만 이후의 경험에서 그는 더 이상 자신이 얼마나 노력하고 있는지를 의식하지 않았습니다. 그는 사람들에게 "욕하지 마세요, 얼마나 열심히 하는지 아세요?"라고 옹호해 주길 바라지도 않았을 것입니다. 그에게 중요한 것은 오직 일을 성공시키는 것이었으니까요.

또 다른 예를 들어 보겠습니다. A는 자신의 비즈니스 제국을 세우기 전에 오랜 시간 치열하게 노력했습니다. 그는 먼저 사업의 논리를 명확히 정리한 뒤, 목표를 이루기 위해 밤낮없이 몰두했습니다. 그에게 가장 중요한 것은 화려한 목표를 달성하는 것이었으며, 노력은 그 목표를 이루기 위한 하나의 수단일 뿐이었습니다. 쉽게 말해, 그는 자신이 얼마나 노력하고 있는지가 아니라, 목표를 달성할 수 있을지에만 집중했던 것이죠.

B는 A의 성공을 지켜보았습니다. 그 역시 A처럼 부를 쌓고, 인생의 가치를 실현하고 싶었지만, 아직 구체적인 방법을 찾지 못했습니다. 그러나 A가 한때 머리를 쥐어짜며 노력했던 모습을 떠올리며, 그 과정을 성공의 필요조건으로 착각했습니다.

"아직 어떻게 돈을 벌지는 모르겠지만, 노력하는 것만큼은 할 수 있어!"

그는 필사적으로 노력하기 시작했습니다. 책을 읽고, 강의를 듣고, 각종 훈련과 프로그램에 참여하며 스스로를 채찍질했습니다. 그리고 더욱 열심히 노력하기 위해, 노력 자체를 목표로 삼기까지 했습니다. 비록 그 목표가 실현 가능한지 확신하지 못했지만, 그는 이렇게 생각 했습니다.

"나는 지금 인생의 전환점에 서 있어. 이 노력은 반드시 내 인생을 바꿔 놓을 거야."

물론 B도 목표를 가지고 있었습니다. 하지만 아직 자신만의 길을 찾지 못했기에, 목표가 명확한 피드백을 주지 못했습니다. 결국 그는 목표보다 노력 자체에 더 집중할 수밖에 없었습니다.

B의 친구 C는 최근 무기력에 빠져 모든 일을 미루기 일쑤였습니다. 그런 그에게 B의 변화는 꽤 인상적이었습니다. B가 열심히 노력하며 점점 활력을 되찾는 모습을 보면서, C도 그렇게 변하고 싶다고 생각했습니다. 그래서 B를 따라 도서관에 가고, 강의를 듣고, 각종 프로그램에도 참여하기 시작했습니다.

그러나 사실 C는 이런 활동들에 큰 관심이 없었습니다. 그는 그저 자신의 상태가 조금이라도 나아지길 바랐을 뿐이었습니다. 그래서 책을 몇 장 읽거나 작은 일을 마치기만 해도 "이 정도면 충분히 노력했어. 이제 나 자신에게 보상을 줘야지!"라며 휴식을 핑계 삼아 게으름을 피우곤 했습니다.

C는 계획을 세우고 다짐하는 것을 좋아했지만, 정작 그 계획이 실천되는 경우는 드물었습니다. 그는 B처럼 진짜 노력을 하고 싶어 했지만, 정작 더 원했던 것은 노력하는 느낌이었습니다. "나는 지금 정말

열심히 하고 있어!"라는 자기 위안이 필요했던 것이죠.

목표 달성을 중심으로 하던 노력은 점차 '노력 자체'가 목적이 되고, 그다음에는 '노력하는 느낌'이 중심이 됩니다. 그리고 결국 노력은 '흉내'로 변해 갑니다. 사람들은 '열심히 일하는 것만이 유일한 구원의 길'이라고 믿으며, 더욱더 노력에 집착합니다.

그렇다면, 도대체 무엇이 그들을 가두는 걸까요? 아마도 평범하고 지루한 일상, 성취감을 느낄 수 없는 반복적인 일, 그리고 작고 미미한 자신일 것입니다.

북적이는 인파 속에서 문득 '나는 왜 여기서, 이런 사람들과 지루하고 재미없는 일을 하고 있는 걸까? 내 삶의 의미는 도대체 무엇일까?'라는 의구심이 들 때, 우리는 '노력하는 느낌'이라는 희망의 옷을 서둘러 만들어 허무함과 우울함을 가리려 합니다. 하지만 그 옷은 너무 작아, 감추지 못한 허무함과 불안감이 틈틈이 흘러나옵니다. 그럴 때마다 우리는, 그저 '내가 충분히 노력하지 않아서 불안한 거야.'라고 착각합니다.

그렇다면 삶의 의미는 어디에 있을까요?

솔직히, 저도 이 무거운 질문에 대한 명확한 답을 가지고 있지 않습니다. 하지만 그렇다고 해서 그 답을 찾는 힘든 과정을 생략하거나, 쉽게 결론을 내릴 수도 없겠지요. 그것은 우리가 열 살이든, 스물여덟이든, 마흔여덟이든.

하루빨리, 당신만의 답을 찾기를 바랍니다!

"새로운 자극만 찾아 헤매고
지속적인 노력은 하지 못합니다."

혹시 취미나 흥미를 통해 지루한 일상에서 벗어나는 상상을 해 본 적이 있나요? 그러나 늘 '작심삼일'에 빠지곤 하지 않으셨나요? 다음의 독자 편지를 통해 이 문제를 함께 들여다보려 합니다.

저는 늘 자기만의 관심사나 취미가 있고, 거기에 몰두할 수 있는 사람들을 부러워해 왔습니다. 그들이 집중해서 몰입하는 순간이 너무 아름다워 보였거든요. 어떤 사람은 영어 공부에 빠져서 매일 아침 6시에 일어나 영어 단어를 암기하고, 어떤 사람은 달리기를 좋아해서 1년 365일 비가 오나 눈이 오나 매일 10킬로미터를 달리고, 또 어떤 사람은 사진 찍기를 좋아해서 추운 밤에도 산속에서 밤을 새우며 밤하늘의 별을 찍기도 합니다.

이 세 가지 일은 저도 해 본 적이 있지만, 아쉽게도 그들처럼 꾸준히 하지는 못했습니다. 6시에 일찍 일어나는 것도 일주일을 넘긴 적이 없고 달리기도 사흘 정도 하다 그만두고, 별을 찍으러 가서 새벽 2시까지 기다리다가 결국 잠이 들고 말았습니다. 정확히 말하면 저는 '작심삼일형 인간'이라고 생각합니다. 모든 일에 호기심이 많아서 쉽게 끌리지만, 그저 수박 겉핥기식으로 살짝 맛만 본 후 금세 흥미를 잃고 마는 경우가 다반사입니다. 어릴 적에는 2년 동안 서예를 배웠는데 끝까지 하지 못했고, 사진 찍는 것을 좋아해서 포토샵을 배우다가 게을러서 결국 완주하지 못했습니다. 아무리 좋아하는 책과 영화라도 두 번 보는 경우는 정말 흔치 않습니다. 지금 공부하고 있는 전공도 마찬가지입니다. 처음에는 도서관에서 책을 찾아보며 열심히 공부했지만, 지금은 산더미처럼 쌓인 논문들을 보면 읽고 싶은 마음이 눈 녹듯 사라집니다.

그런데 저는 공부뿐만이 아니라 친구들과 좋아하는 사람들에게도 같은 모습을 보입니다. 처음에는 적극적으로 다가가지만, 어느 정도 친해지고 나면 서서히 그 마음이 식어 버려, 결국 멀어지고 맙니다. 전에 TED에서 '육각형 인간'에 대한 강의를 들은 적이 있습니다. 말 그대로 모든 면에서 뛰어난 육각형 인간들은 강한 학습 능력과 임기응변, 끝없는 호기심을 가지고 있으며, 그들 대부분은 직장에서 혁신을 주도하는 사람들입니다. 그들과 달리, 저는 여러 분야에 엄청난 열정과 몰입을 하는 것이 아니라, 아주 피상적인 이해와 겉으로 드러나는 관심에만 만족하는 것 같습니다. 저는 항상 자극을 찾아 헤매는 것 같은데,

그 자극점에 가까워질수록 점점 싫증을 느끼게 됩니다. 어쩌면 제가 원하는 것은 경험일 뿐인지도 모르겠습니다. 일단 그 경험을 하고 나면 그 뒤로 이어지는 귀찮은 작업이나 깊은 사고에 더는 에너지를 쏟고 싶지 않습니다.

가끔은 이런 상태도 나쁘지 않다고 느낄 때가 있습니다. 새로운 것들을 더 많이 시도하고, 더 많은 곳을 다니며 다양한 스타일의 책과 영화를 보고, 기발한 전시회를 보는 것이요. 하지만 한편으로는 그만큼 혼란스럽고 저에 대한 회의감에 빠지곤 합니다. 특히 다른 사람들이 저에게 장래에 어떤 직업을 갖고 싶은지 물을 때면 불안하고 두려워집니다. 평생 저의 열정과 관심을 불러일으키고 꾸준히 할 수 있는 직업을 찾지 못할까 봐 무섭습니다. 아니면 그냥 게으른 저 자신을 직시하고 싶지 않은 것일지도 모르겠습니다.

답장을 간절히 기다립니다.

심리 솔루션

가장 단순한 일을 꾸준히 하기

편지를 읽다 보니 어쩌면 당신은 취미의 가치를 과대평가하고 있는지도 모르겠다는 생각이 들었습니다. 매일 아침 일찍 일어나서 영어 단어를 외우는 사람들, 매일 꾸준히 달리기하는 사람들, 추운 밤에 별 사진을 찍으려는 사람들을 잘 보면, 그들이 그렇게 꾸준히 할 수 있는 이유는 단순히 취미를 즐기기 때문만은 아닐 거예요. 그들에게는 적어도 습관을 형성하는 초기 단계에서 '지루함을 견딜 수 있는 능력'이 있기 때문이에요.

요즘 우리는 취미를 지나치게 미화하는 경향이 있습니다. 사람들은 취미를 마치 사랑과 동일시하며, 사랑이 꽃과 달빛의 낭만을 떠올리게 하듯 취미에서도 감성적이고 이상적인 면만 보려 합니다. 취미는 종종 열정과 활력, 끈기, 심지어 성공의 상징처럼 여겨지기에, 누군가 자신의 삶이 원하는 대로 풀리지 않는다고 느끼면 '혹시 내가 제대로 된 취미를 찾지 못해서 그런 걸까?'라고 생각하곤 합니다. 하지만 그들이 진짜로 하고 싶은 말은 사실 이렇습니다.

"취미가 여러 가지 이점을 가져다주긴 하지. 뭔가에 몰입하고 집중할 수 있도록 도와줄 뿐만 아니라, 삶을 풍성하고 행복하게 만들어 주고, 심지어 일을 할 때도 소모되거나 지치는 것을 막아 주니까. 그런 의미에서 나도 하나쯤 취미를 개발하면 좋겠어."

그러나 이런 생각의 이면을 들여다보면, 단지 '성공'이나 '부'라는 목표를 '취미'로 바꾸었을 뿐, 여전히 취미의 '유용성'에 집착하고 있다는 사실을 알 수 있습니다. 취미를 어떤 목적을 위한 수단으로 바라보는 것은 결국 이기주의의 한 단면이기도 합니다. 하지만 때로 취미는 그저 '쓸모없는 것'일 수도 있습니다.

취미는 마치 똑똑하고 아름다우며 부유한 여인과도 같습니다. 많은 사람이 그녀를 쫓아다니며 잘 보이려고 애쓰지만, 정작 그녀를 진심으로 이해하고 사랑하는 사람은 드뭅니다. 당신이 취미를 통해 무언가를 얻으려 하면 할수록, 취미는 오히려 당신에게 아무것도 주지 않을 것입니다. 하지만 만약 그녀에게 온전히 헌신하고 진심으로 다가선다면, 어느 날 문득 예상치 못한 놀라움을 선사할지도 모릅니다.

이것은 어쩌면 너무도 현실적이고 당연한 이야기일 수 있습니다. 그러나 당신이 정말 그녀 자체를 사랑하는지, 아니면 그녀의 아름다움과 부만을 원하는지, 그녀 역시 알고 있습니다. 때로 그녀는 가난하고 초라한 모습으로 변장해 당신의 마음을 시험하기도 합니다.

그러므로 스스로에게 물어보아야 합니다. 당신은 이 취미 자체를 사랑하나요, 아니면 그 취미가 가져다줄 이점을 사랑하나요? 만약 이 취미가 좋은 성적, 좋은 직업, 좋은 삶을 보장해 주지 않는다면, 심지어 당신을 남들보다 돋보이게 만들지 못한다 해도, 여전히 취미를 사랑할 수 있을까요?

사랑은 이해에서 비롯됩니다. 어떤 일을 깊이 이해하려 하지 않고 피상적으로만 접근한다면, 그것을 진심으로 사랑할 수 없습니다.

사랑은 또한 순수한 것입니다. 김용의 무협 소설『천룡팔부』에는 수많은 무림 고수들이 등장하지만, 그중에서도 절대 고수가 소림사에서 바닥을 쓸던 소지승扫地僧이었다는 사실은 결코 우연이 아닙니다. 다른 무림 고수들에게 뛰어난 무공이란 곧 명예와 권력, 그리고 강호에서의 지위를 의미하지만, 세속에 관심이 없는 청소하는 승려에게 무공은 그저 쓸모없는 것이고, 일상의 청소와 다를 바 없는 것이었습니다. 바로 그 '쓸모없음' 덕분에 그는 얼마나 빠르게, 얼마나 잘해야 하는지를 고민할 필요 없이 꾸준히 무공을 연마할 수 있었고, 결국 누구도 넘볼 수 없는 경지에 이를 수 있었습니다.

우리의 삶이 항상 열정과 즐거움으로 가득 차 있는 것은 아닙니다. 어떤 취미를 통해서도 열정을 찾을 수 없다면, 지금 할 수 있는 가장 단순한 일을 해 보세요. 스님이 아침에 일어나 경전을 외우고, 농부가 들판에 나가 모내기를 하고, 노동자가 기계를 돌리고, 학생이 영어 단어를 암기하고, 기술자가 연장을 손에서 놓지 않는 것처럼 일종의 수행이라고 생각하면 편할 거예요. 혹자는 그들이 관심 있고 좋아하는 일을 하고 있다고 말할 수도 있지만, 그들은 단지 평범한 삶을 살아내고 있는 것일 수도 있습니다.

이러한 삶은 단순함과 지루함을 견디고, 자신이 하는 일에 묵묵히 머무르며, 가장 평범한 사람이 되는 것을 요구합니다. 어떤 뛰어난 기술이든 오랜 시간의 지루하고 신중한 연습을 통해서만 익힐 수 있습니다. 이러한 반복적인 훈련은 단순히 시간을 보내는 것이 아니라, 우리의 현재를 돌아보고 정리하며, 그 이면에 숨겨진 원리를 이해하는 과정이기도 합니다. 그리고 꾸준히 하다 보면, 어느 순간 그것이 취미가 되기도 합니다. 다만 그런 취미가 전혀 힘들지 않을 거라고 기대하지 마세요. 하지만 적어도, 당신의 노력은 분명 의미 있는 무언가로 바뀌게 될 것입니다.

그리고 당신에게는 스승이 필요할지도 모릅니다. 아마 소지승에게도 그를 이끌어 준 스승이 있었을 것입니다. 지루한 정체기를 극복하는 것은 혼자의 힘만으로 쉽지 않기에, 신뢰하고 의지할 수 있는 관계가 필요합니다. 물론 피드백과 조언도 중요한 역할을 합니다.

예전에는 무술을 배우거나 공부를 하거나, 노래를 배울 때 부모가 아이를 선생님에게 데려가 정중히 인사를 드리게 했습니다.

"우리 아이를 잘 부탁드립니다. 때리시든 혼내시든 선생님 뜻대로 하세요."

이 한마디 속에는 단순히 기술을 가르치는 것을 넘어, 아이의 미래와 나아가 삶과 죽음까지 책임져 달라는 깊은 의미가 담겨 있었습니다. 이런 친밀한 관계 속에서 이루어지는 배움은 단순한 지식 전달이 아니라, 진지하고 신성한 태도를 바탕으로 한 것이었습니다. 장인 정신, 스승과 제자의 관계, 기술이나 학습은 결국 하나로 연결되어 있었죠.

그러나 오늘날 스승과 제자의 관계는 점점 사라지고, 기술을 배우는 과정도 온라인으로 옮겨졌습니다. 물론 더욱 편리해졌지만, 그 과정에서 인간적인 연결이 약해지면서 사람들은 점점 꾸준히 집중하는 힘을 잃어가고 있는 듯합니다.

생각해 보기

(1) 나는 어떤 영역에서 다른 사람과 비교하는가? 비교하지 않는 영역은 무엇인가?

(2) 최근에 가장 열심히 노력했던 순간은 언제였는가? 그리고 그 일을 어떻게 해냈는가?

(3) 인생의 마지막 순간에 누군가 "열심히 살았느냐?"라고 물어본다면 어떻게 대답할 것인가?

(4) 경제적으로 완전히 자유로워진다면, 가장 하고 싶은 일은 무엇인가?

(5) 지금 하고 있는 일 중에서 외적인 보상이 전혀 없다면, 어떤 일은 계속하고, 어떤 일은 그만두고 싶은가?

(6) 마지막으로 성취감을 느꼈던 때는 언제인가? 만약 비슷한 일을 다시 해야 한다면, 어떤 일을 할 것인가?

지금 당장 따라 하기

1. 진지한 육체노동 경험하기

정신노동과 달리, 육체노동은 몸과 마음을 온전히 집중해야 한다. 농사일, 자동차 수리, 세차, 청소 등 온몸을 사용하는 일을 직접 경험해 보자. 몸을 움직이며 몰입하는 과정에서 새로운 깨달음을 얻을 수 있다.

2. 매일 감사한 일 세 가지 기록하기

감사를 연습하는 것은 주의를 집중시키고 사고방식을 긍정적으로 형성하는 좋은 방법이다. 감사하는 습관은 비교와 경쟁에서 벗어나 사람과 사람, 그리고 자신이 하는 일과의 연결에 더욱 집중하도록 도와준다. 또한 결핍이 아니라 이미 가진 것에 대한 만족감을 키워 준다.

　매일 밤 잠들기 전, 감사했던 세 가지 일을 노트에 적어 보자. 그것이 크든 작든, 사람과 관련된 것이든 일이든 상관없다. 그리고 그 일이 왜 감사할 만했는지도 함께 기록해 보자. 최소 8주 동안 꾸준히 실천해 보는 것을 추천한다.

3. 5년 계획 세우기

　5년 후, 나는 어떤 일을 하고 있을까? 내 삶에는 어떤 변화가 생겼으면 좋을까? 어떤 능력을 키우고 싶고, 가족, 연인, 친구들과의 관계는 어떻게 이어가고 싶은가?

(1) 일, 생활, 관계 세 가지 관점에서 각각 목표를 세워 보자. 목표는 구체적이고 명확해야 하며, 긍정적인 방향을 가져야 한다. 또한 5년 후에 객관적으로 성취 여부를 확인할 수 있도록 설정하는 것이 중요하다.

• 5년 후, 내가 하고 싶은 일

a. --

b. --

c. --

• 5년 후, 내 인생에 나타난 변화

a. --

b. --

c. --

• 5년 후, 내가 원하는 관계

a. --

b. --

c. --

(2) 목표를 달성하기 위한 구체적인 방법을 생각해 보자. 이 방법 역시 실현
　가능하고 구체적이어야 한다.

• 목표 달성을 위한 업무 능력

a. --

b. --

c. --

• 달성을 위한 삶의 변화

a. --

b. --

c. --

• 목표 달성을 위한 인간관계

a. --

b. --

c. --

(3) 목표를 이루는 과정에서 직면할 수 있는 장애물을 생각해 보자.

• 직장에서

a. --

b. --

c. --

• 삶에서

a. --

b. --

c. --

• 인간관계에서

a. --

b. --

c. --

(4) 이 장애물들을 극복할 방법을 생각해 보자.

• 직장에서

a. --

b. --

c. --

• 삶에서

a. --

b. --

c. --

• 인간관계에서

a. --

b. --

c. --

4장

미루기의 늪,
시작을 가로막는 심리적 장벽

내일이 되면 또 미룰 일을
내일까지 미루지 마라.
_마크 트웨인(Mark Twain)

소설을 쓰는 것은 밤에 자동차를 운전하는 것과 같다.
당신은 차의 헤드라이트가 비춰 주는 데까지만
볼 수 있을 뿐이다.
_앤 라모트(Anne Lamott)

심리적 문제인가, 사회적 현상인가?

'미루는 습관' 때문에 찾아오는 사람들이 적지 않다. 어느 날, 한 내담자가 상담실 문을 열고 들어왔다. 그녀는 긴장한 듯 경계심에 가득 차 있었지만, 정작 안 좋은 일이 있는 것도, 기분이 나쁜 것도 아니라고 했다. 그녀는 하루 종일 웹소설을 보는 것이 유일한 일과였고, 공부는 미루고 미루다 결국 네 과목이나 낙제하고 퇴학 경고까지 받았다고 했다.

어린 시절, 부모님이 정부의 출산 제한 정책을 넘겨 자신을 낳았고, 그로 인해 시골에 남겨진 채 부모님을 '엄마, 아빠'라고 부르지도 못했던 기억이 그녀를 여전히 짓누르고 있었다. 대학 생활에서도 룸메이트와 거의 말을 나누지 않은 채 외롭게 지냈지만, 그 이야기를 하는 것조차 힘들어했다. 그녀는 그저 한마디를 던질 뿐이었다.

"아무래도 저는 미루는 습관이 있는 것 같아요. 어떻게 해야 할까요?"

그녀의 미루는 습관이 극심한 외로움에서 비롯되었을 가능성이 크다고 말해 주자, 그녀는 결국 서럽게 울기 시작했다.

또 다른 내담자는 남아 선호 사상이 강한 가정에서 태어났다. 그녀의 어머니는 여자는 성공할 필요가 없고, 커서 적당한 남자를 만나 결혼만 하면 된다고 생각했다. 하지만 그녀는 그런 평범한 삶을 원하지 않았다. 고등학생 때 어머니가 재수를 반대하자 그녀는 냉전 중인 상황에서 혼자 집을 나와 낯선 도시로 가서 재수를 준비했고 바라는 대로 좋은 대학에 합격했으며, 지금은 만족스러운 삶을 살고 있다는 것이다. 그런 그녀가 상담을 요청한 이유 또한 '미루는 습관' 때문이었다.

그녀는 항상 논문 작성이나 시험공부를 마감 직전까지 미루다가 마지막 며칠 밤을 새워서 끝내곤 했다. 그런데도 착실하게 공부하는 친구들보다 성적은 좋았다. 하지만 그녀는 마감이 다가올수록 몰려오는 불안감이 썩 유쾌하지 않았고, 언젠가 이런 생활이 계속되다 보면 과도한 피로로 인해 자신이 무너질까 걱정됐다.

"끝까지 미루다가 일을 마쳤을 때, 어떤 기분이 들었나요?"

"싸움에서 승리한 기분이에요. 막판에 기적을 만들어 내는 기분이랄까요? 제가 뭔가 해낸 것 같은, 대단한 사람처럼 느껴져요. 그런데 몹시 피곤하긴 해요."

미루는 습관에 대한 주제로 한 TV 프로그램에 패널로 초대된 적이 있다. 그 프로그램은 주로 의학 정보나 건강관리를 다루었으며, 시청자의 대부분은 은퇴한 노인들이었다.

"이 프로그램은 주로 어르신들이 보시지 않나요? 미루는 습관에 관심이 있을까요?"

내가 이렇게 묻자, PD는 대수롭지 않다는 듯 답했다.

"상관없어요. 그런 거 신경 쓰지 말고 그냥 알아서 잘해 주세요."

구체적으로 어떤 이야기를 하면 좋을지 물었더니, 이번에는 귀찮다는 듯 말했다.

"그냥 아무렇게나 하세요."

당일 오후 녹화였는데, 아침에서야 프로그램 기획서와 인터뷰 개요를 보내왔다. 그녀의 업무 스타일을 지켜보던 나는 농담 삼아 물었다.

"혹시 미루는 버릇이 있으신가요?"

그러자 그녀는 웃으며 대답했다.

"당연하죠. 설마 교수님은 없으세요?"

나는 잠시 생각하다가 솔직히 인정했다.

"있죠."

그 순간, 미루는 습관에는 전혀 다른 두 가지 측면이 있다는 사실을 깨달았다. 하나는 개인의 심리적인 문제로서의 미루는 습관이고, 다른 하나는 사회적 현상으로서 나타나는 미루는 습관이다.

미루는 습관을 심리적 문제로 접근하면 심각하고 무거운 느낌이 든다. 이는 내담자의 어린 시절에 겪은 좌절과 트라우마에 뿌리를 둔 경우가 많다. 현실에 적응하지 못하는 내담자의 다양한 비합리적인 신념을 반영하기 때문이다. 이때 미루는 습관은 종종 불안과 우울, 중독 등 심각한 심리적 문제를 동반한다. 심리적 문제는 미루는 습관보다 훨씬 심각하여, 상담사나 정신과 의사가 내담자의 문제를 진단할 때, 미루는 습관은 상대적으로 가벼운 증상으로 간주되어 간과되는 경우도 많다. 그러나 미루는 습관은 촘촘한 그물처럼 내담자를 옭아매며 점점 숨통을 조여 온다. 반면, 사회적 현상으로서의 미루는 습관은 훨씬 가벼운 느낌을 준다. 이 주제로 농담을 던져도 가볍게 웃으며 맞장구칠 수 있다.

'모든 사람이 환자'인 시대에, 우리는 불안과 의심을 감추기보다 그럴듯한 심리학 용어로 포장하며 스스로를 납득시키려 한다. 미루는 습관은 입원 치료가 필요할 만큼 심각하지도 않고, 무시해도 될 만큼 가볍지도 않다. 그 애매한 경계에 자리 잡은 이 습관은, 결국 시대의 유행병이 되어버렸다.

대부분의 사람이 미루는 습관이 있다고 말하지만, 표현하는 의미는 조금씩 다르다. 때로는 '미루는 습관만 아니었으면 지금처럼 살지 않았을 것이다'라고 삶에 대한 불만을 발산하는 희생양으로 삼기도 하고, 어떤 때는 '내가 잘못하거나 게으르고 멍청해서가 아니라 미루는 습관 때문이다'라는 자신을 위로하는 핑계로 삼기도 한다. 또 때로는 미루는 습관을 단순히 자조적인 농담으로 사용하기도 하는데, 대개 이런 경우 사람들은 그 당시 유행하는 병이면 그게 뭐든 무조건 걸렸다고 한다.

미루는 습관이 유행하게 된 데에는 분명 현실적인 이유가 있다. 현대 사회에서는 누구나 너무 많은 목표와 욕망을 품고 살아간다. 원하는 것이 많아질수록 시간은 더 이상 누리고 즐기는 것이 아니라, 목표를 이루기 위한 도구이자 자원이 된다. 그러다 보니 시간을 효율적으로 활용하지 못하면 자신도 모르게 죄책감과 자책감을 느끼고, 심지어 스스로를 쓸모없는 존재처럼 여기게 된다.

또한 사회가 점점 세분화된 분업 구조를 갖추면서 우리의 감정과 의지와는 무관하게 해야만 하는 일들이 늘어난다. 우리는 이런 강제성에 본능적으로 저항하지만, 정작 그 일이 잘못되었다고 생각하기보다는 오히려 자신에게 문제가 있다고 느끼곤 한다. 심지어 하고 싶은 일이거나 분명한 목표와 의미가 있는 일이라 하더라도, 목표가 너무 멀게 느껴지고 실현 과정이 길어지면 몸과 마음이 따라주지 않게 된다. 그렇게 우리는 게으름을 피우거나 딴생각을 하면서 자연스럽게 미루는 습관을 형성해 간다.

따라서 우리는 '미루는 습관이 있다'는 말을 할 때, 그 말이 실제로 무엇을 의미하는지 깊이 들여다볼 필요가 있다. 그 뒤에 숨겨진 감정과 문제는 무엇인지, 그리고 그것이 나에게 어떤 의미를 가지는지 고민해 보자. 어쩌면 미루는 습관이 단순히 일을 미루는 것이 아니라, 삶에 대한 두려움과 갈망에서 비롯되었음을 깨닫게 될지도 모른다.

미루는 습관과 자기 기대

다른 사람이 보기에는 미루는 습관이 심각해 보이는데, 정작 본인은 그렇게 생각하지 않는 경우가 많다. 반면, 미루는 것과는 거리가 멀어 보이는 사람들이 오히려 미루는 습관 때문에 괴로워하는 경우도 적지 않다.

내담자 P는 미루는 습관 때문에 상담을 신청했지만, 정작 그는 일주일에 6일, 하루 10시간씩 일하고 있었다. 놀란 나는 조심스럽게 물었다.

"너무 바빠서 시간이 부족하다는 뜻인가요?"

그는 단호하게 답했다.

"아니요, 제 말은 저에게 미루는 버릇이 있다는 겁니다."

그는 대부분의 시간을 일에 투자하고 있었으며, 업무 효율도 결코 낮지 않았다. 오히려 미루는 습관보다는 강박적으로 일하는 '일 중독'에 더 가까워 보였다. 그런데도 그는 자신이 일을 미룬다고 생각했다.

이처럼 열심히 일하고 적극적으로 살아가는 사람조차 미루는 습관이 있다고 느끼는 이유는, 그들 내면에 지나치게 이상적인 자아가 존재하기 때문이다. 현실의 자아를 이상적인 자아와 비교할수록, 현실의 나는 늘 부족하고 모자라게만 느껴진다. 그들은 언제나 집중하고, 효율적이며, 흔들림 없이 살아야 한다고 믿는다. 그들은 마치 태엽이 감긴 기계처럼, 피로조차 느끼지 않고 일해야 한다고 믿는다. 잠시라도 긴장이 풀리면 스스로에게 실망하고, 일이 밀려 있거나 비효율적이라고 여겨 자책한다. 그리고 자신에게 끊임없이 묻는다.

"다른 사람들은 훨씬 더 효율적으로 해내는 것 같은데, 왜 나는 그게 안 될까?"

"지난번에는 집중해서 잘했는데, 이번에는 왜 안 되는 걸까?"

그들이 내린 결론은 '미루는 습관'이었다. 이를 통해 그들은 미루는 행동을 일종의 '질병'처럼 여기고, 자신으로부터 분리함으로써 이상적인 자아에 대한 환상을 유지하는 것이다.

미루는 습관을 가진다고 말하는 것은, 지나치게 이상적인 자아와 성공에 대한 강한 열망뿐만 아니라 의지에 대한 오해에서도 비롯되는 경우가 많다. 그들은 의지력이 완전히 주관적인 것이며, 마음먹기에 따라 언제든 원하는 대로 조절할 수 있다고 착각한다. 그러다 보니 조금이라도 느슨해지면, 이는 의지력의 한계 때문이 아니라 단순히 자신이 게을러서라고 자책하게 된다.

또한 과거에 집중력과 효율성이 높았던 경험이 있으면, 모든 상황에서도 항상 동일한 집중력과 효율성을 유지해야 한다고 믿는다. 마치 100미터를 12초에 주파했던 사람이 마라톤을 뛸 때도 그 속도를 유지해야 한다고 기대하는 것과 같다. 하지만 현실적으로 그것은 불가능하다.

그들은 때때로 나타나는 미루는 행동이 단순한 문제를 넘어 일종의 신호일 수도 있다는 사실을 간과한다. 근무 시간이 너무 길거나, 업무 구조가 비합리적이거나, 일과 삶의 균형이 무너지는 등 우리 삶의 다른 측면에서 문제가 발생했음을 알리는 신호일 수도 있다. 미루는 것은 단순한 나태함이 아니라, 우리 뇌가 저항을 표현하는 방식일지도 모른다.

나는 자신에게 미루는 습관이 없다고 생각하는 경영 컨설턴트를 만난 적이 있다. 그는 미루는 습관을 극복하는 데 좋은 방법이 있다고 했다.

"만약 어떤 업무에 3일이 필요하다면, 처음 이틀은 독서나 산책을 하면서 보내고, 마지막 날에 전력을 다해 마무리합니다. 물론 마감일이 다가오면 예상치 못한 돌발 상황이 생길 수도 있고, 식사도 대충 때우며 밤늦게까지 일해야 하지만, 결국 업무는 항상 기한 내에 끝나죠."

그는 자신의 방식이 미루는 것이 아니라 효율적인 시간 활용이라고 믿었다. 나는 그의 업무 습관이 어떻게 형성되었는지 더 자세히 물어보았다.

"일을 제때 끝내지 못하거나, 기대한 만큼 결과가 나오지 않을까 봐 걱정되지는 않나요?"

그러자 그는 이렇게 답했다.

"예전에는 업무를 맡으면 첫날부터 곧바로 시작했어요. 그런데 시간이 지날수록 집중력이 흐트러지고, 다른 일에도 손을 대지 못하는 걸 알게 되었죠. 그러다 보니 오히려 미루는 경향이 생겼고, 결국 비효율적이라는 결론을 내렸어요. 그래서 차라리 마지막 하루에 집중해서 끝내는 방식을 시도해 봤죠."

그는 나중에 직접 실험을 해 보았다고 했다.

"3일 동안 꾸준히 작업한 결과와 마지막 하루 만에 집중해서 마무리한 결과를 비교해 보니, 완성도에 큰 차이가 없더라고요. 어차피 일은 끝나게 마련이고, 마지막 날이 되면 오히려 내 안의 잠재력이 극대화되는 느낌이었어요."

하지만 이런 사람은 많지 않다. 일을 마지막 순간까지 미루는 사람은 많지만, 그것을 의식적으로 선택하는 사람은 드물다는 뜻이다. 대부분의 사람은 처음부터 계획적으로 미루는 것이 아니라, 처음에는 이것저것 하다가 결국 마감일이 다가와서야 허둥지둥 마무리한다. 이들은 마감일까지 시간이 남아 있을 때도 막연한 불안을 느끼고, 이 시점에서 다른 일을 먼저 하면 오히려 실수하는 것 같아 불안해한다. 그리고 마감 직전에야 결국 일을 끝내면서도, '조금만 더 일찍 시작했더라면 이렇게 초조해할 필요가 없었을 텐데'라는 생각을 하곤 한다.

흥미로운 점은, 그들 스스로 일을 미루기로 선택했음에도 그 책임을 온전히 인정하지 않는다는 것이다. 미루는 습관을 마치 자신과 분리된 존재처럼 여기며, 결과적으로 미루는 선택을 한 것은 자신이지만 그 원인을 '습관' 탓으로 돌린다. 하지만 결국 선택권은 늘 그들에게 있었고, 미루는 것은 그들이 내린 선택이었다.

미루는 습관의 네 가지 원인

1. 집중을 방해하는 다양한 유혹

칼 뉴포트Cal Newport의 『딥 워크』는 IT 기술의 발달로 시공간의 제약이 사라지는 현대 사회에서, 진정으로 중요한 일에 몰입하고 지속할 수 있는 방법에 대해 설명한다. 이 책을 읽으면서 나도 시골에 작은 집을 마련해 세상과 단절된 채 오로지 글쓰기에만 몰두하고 싶다는 생각이 들었다. 마치 스위스의 어느 시골 마을에 자신을 고립시킬 수 있는 탑을 지어 고립 속에서 사색했던 심리학자 카를 구스타프 융Carl Gustav Jung처럼 말이다. 그래서 한동안 인터넷으로 괜찮은 시골집을 찾는 데 많은 시간을 보내기도 했다.

사실 우리는 모두 깊이 몰입하는 '딥 워크'의 중요성을 알지만, 현대 사회에서 온전하게 집중하는 상태를 유지하기란 여간 어려운 일이 아니다. 거의 모든 인터넷 플랫폼과 1인 매체들은 사용자의 관심을 붙잡기 위해 치열하게 경쟁하며, 그들이 내놓은 콘텐츠들은 하나같이 현혹되기 쉬운 것들이다. 나 역시 틱톡을 열었다가 스크롤을 멈출 수가 없어서 결국 앱을 삭제한 적도 있다. 이에 비해 '딥 워크'를 실천하려는 노력은 현저히 부족한 것이 현실이다.

일부 연구에 따르면 인터넷 환경으로 인해 우리의 뇌는 점점 단편적인 정보를 더 잘 처리하게 된 반면에 깊이 사고하는 능력은 점차 약화하고 있다는 것이다. 왜 이런 일이 일어날까? 심리학자 월터 미셸Walter Mischel 교수는 인간의 뇌가 '차가운 시스템'과 '뜨거운 시스템'으로 나뉘어 있으며, 이 두 시스템이 현재의 유혹과 미래의 이익을 두고 끊임없이 갈등을 벌인다고 설명한다.

'차가운 시스템'은 전두엽에 위치하며, 이성적이고 자기 통제적이며 장기적인 이익을 고려한다. 이 시스템은 끊임없이 '미래를 생각해, 장기적인 목표를 생각해!'라고 우리에게 상기시킨다. 반면, '뜨거운 시스템'은 해마 근처 변연계에 위치하며, 우리 뇌의 가장 원시적인 부분으로 감정과 관련이 있다. 우리의 관심을 끌려는 많은 유혹이 모두 감정을 자극하는 데 집중한다. 이 시스템이 활성화하면 즉각적인 만족이나 즐거움 때문이든, 불안이나 두려움 때문이든 사람들은 빠르게 유혹에 빠져든다. 감정이 사고를 대체하기 때문에 딥

워크를 할 수 있는 능력을 상실하고 계속해서 감정만 자극하는 기계
로 변해 버린다.

2. 미루기의 가장 큰 동맹군, 스트레스

유혹이 '뜨거운 시스템'을 자극하는 것처럼 스트레스 또한 이 시
스템을 자극해 회피하려는 충동을 일으킨다. 많은 사람이 스트레스
가 동기를 높여 주며, 스트레스가 없으면 더 게을러지고 일을 미루
게 된다고 생각한다. 그래서 미루는 습관을 극복하기 위해 스스로에
게 스트레스를 주는 경우가 많다. 우리는 미루기 전에 자신을 위협
하고 일을 미루고 나서는 자신을 비난하는 경향이 있다. 하지만 그
렇게 할수록 미루는 습관은 더욱 악화한다.

그렇다면 스트레스와 미루는 습관의 관계를 어떻게 이해해야 할
까?

일반적으로 스트레스와 원동력의 관계는 '역 U자형 곡선'을 그
린다. 이 곡선에서 전환점에 해당하는 적정 수준의 스트레스는 인
간의 잠재력을 가장 잘 끌어내며, 강력한 원동력이 된다. 하지만 그
수준을 넘어서면, 스트레스는 불안이나 우울 같은 부정적인 감정을
유발해 우리가 일을 미루거나 문제를 회피하게 만든다.

이 이론은 일리가 있긴 하지만, 단순히 스트레스의 정도만으로
미루는 습관을 설명하기에는 한계가 있다. 중요한 것은 스트레스가
어디서 비롯되는지, 어떤 종류의 스트레스가 회피 반응을 유발하는

지, 그리고 어떤 스트레스가 오히려 집중과 몰입을 촉진하는지를 이해하는 것이다. 실제로 어떤 업무가 스트레스를 주는가는 업무의 난이도나 소요 기간이 아니라 업무와 우리가 어떤 관계에 있느냐.

- 그 업무는 우리가 진정으로 하고 싶은 일인가?
- 우리는 그 업무에서 의미를 느끼는가?
- 업무의 진행 과정을 스스로 조율할 수 있는가?
- 우리는 그 업무를 성공적으로 해낼 자신이 있는가?
- 만약 실패한다면, 그에 따른 결과는 무엇인가?

이러한 질문에 대한 답이 긍정적이라면, 비록 어려운 일일지라도 우리는 기꺼이 도전하며 성취감을 얻을 수 있다. 그러나 답이 부정적이라면, 아무리 쉬운 일이라도 스트레스를 느끼고 회피하거나 미루려 할 것이다.

S군은 가난한 환경에서 자랐다. 그의 부모는 아들의 학비를 마련하기 위해 빚을 졌다. 대학 4학년 때 그는 한 학기에 4과목을 모두 이수하지 못하면 졸업이 연기되거나 자퇴해야 하는 난처한 상황에 놓여 있었다. 하지만 그런 와중에도 그는 학과 공부는 뒤로 미루고 온라인 게임에만 빠져 지냈다. 졸업과 취업이 가족에게 얼마나 중요한지 잘 알고 있었지만, 시험이 다가올수록 점점 무기력해졌다. 그는

결국 '졸업을 하든 못 하든 상관없다고 생각했다. 만약 졸업하지 못하면 육체노동을 해서라도 가정에 보탬이 될 수 있을 것'이라고 막연하게 생각하며 현실을 회피했다.

'미루는 습관'을 가진 많은 학생이 이와 비슷한 스트레스에 노출된다. 가난한 가정환경, 부모의 높은 기대와 요구 등 다양한 이유가 그들을 압박한다. 그들은 '먹을 것만 있으면 어떻게 사는지는 중요하지 않다'며 물질적 삶에 대한 기대치를 스스로 낮추려 한다. 그러나 이는 스트레스를 피하려는 자기합리화일 뿐이다. 미루고 회피하는 동안 점차 변화를 향한 자신감을 잃고, 학업과 삶에서 문제를 직면하고 해결하려는 의지마저 사라진다.

긍정심리학의 아버지 마틴 셀리그만Martin Seligman은 개들이 어떻게 우울증에 걸리는지 알고 싶었다. 그는 두 그룹의 개를 A와 B라는 우리에 각각 넣고 전류를 흘려보냈다. A 우리와 B 우리는 쇠막대로 연결되어 있어서 두 우리에 있는 개들은 모두 동일한 전기 충격을 받는다. 유일한 차이점은 A 우리에는 전원을 차단할 수 있는 레버가 있지만, B 우리에는 레버가 없다는 것이다. A 우리의 개들은 레버를 누르면 전원이 차단된다는 사실을 재빨리 배웠고, B 우리의 개들은 아무것도 할 수 없었다(그렇지만 A 우리의 개들이 전원을 끊으면 B 우리도 전원이 차단된다).

이후 이 두 그룹의 개들을 C 우리로 옮겼다. C 우리에는 레버가 없지만, 높이가 낮아서 개들이 힘껏 도약하면 쉽게 탈출할 수 있었다. C 우리에 전기가 흐르자 A 우리에 개들은 곧 우리를 뛰어넘어 탈출하는 법을 배웠지만, B 우리에 개들은 바닥에 웅크린 채 전기 충격을 견디며 꼼짝도 하지 않았다. 이전 실험에서 B 우리에 있던 개들은 '내가 무엇을 해도 소용없다'라는 믿음을 학습했기 때문이다. 오늘날 우리는 이를 '학습된 무기력'이라 부르며, 이는 우울증의 주요 원인 중 하나로 널리 알려져 있다.

B 우리의 개들처럼, 우리도 이런 믿음을 가지게 되면 쉽게 모든 일을 포기하게 된다. 시간적인 압박을 받으면 '아무리 노력해도 시간 안에 끝낼 수 없다'는 학습된 무기력이 발현될 수 있다. 이때 압박감은 단순한 불안을 넘어 의지마저 무력화시키고, 결국 아무것도 시도하지 않게 만든다. 나아가 불안이 지속되면 점차 우울로 변하면서, 결국 모든 것을 완전히 포기해 버리는 상태에 이르기도 한다.

이렇듯 '스트레스'는 미루는 습관의 가장 강력한 동맹이다. 어쩌면 미루는 습관의 본질적인 문제는 '어떻게 미루지 않을 것인가'가 아니라, '어떻게 스트레스를 효과적으로 관리할 것인가'에 달려 있을지도 모른다.

3. 실패를 두려워하는 완벽주의

우리는 흔히 미루는 습관을 의욕 부족과 연결짓지만, 실제로 미루는 사람들 중에는 오히려 자신에 대한 기대치가 높은 완벽주의자가 많다.

"나는 늘 뭔가 부족한 것 같고, 일 처리는 느린데, 이게 완벽주의라고?"

그렇다. 완벽주의는 결과나 속도의 문제가 아니라, '자신에게 요구하는 기대 수준'에서 비롯된다. 나 역시 그랬다. 원고 요청을 받으면 '어떻게 하면 정교하고 재미있게 쓸 수 있을까? 편집자와 독자들을 감탄하게 만들 방법은 없을까?' 하는 고민에 빠졌다. 그런데 이런 높은 기대 때문에 어느 문장으로 시작해야 할지조차 결정하지 못했고, 결국 아무것도 쓰지 못한 채 마감 직전까지 미루게 되었다.

강의를 준비할 때도 마찬가지였다. '내 강의는 통찰력이 있어야 하고, 사람들에게 깊은 영향을 주며 변화를 일으켜야 해!'라는 생각에 사로잡혀 첫 PPT 슬라이드조차 만들지 못했다. 결국 시간이 촉박해져서야 조급하게 준비를 마치는 일이 반복되었다.

만약 당신도 어떤 일을 시작하기 전에 스스로 너무 높은 기준을 세워 두고, 그로 인해 쉽게 시작하지 못하고 있다면 완벽주의자일 가능성이 크다. 그러나 모든 완벽주의자가 일을 미루는 것은 아니다. 우리 주변에는 자신과 자신의 일에 대해 높은 기대를 가지면서도, 이를 미루지 않고 매우 효율적으로 수행하는 뛰어난 사람들이 많다. 심리학에서는 이러한 차이를 바탕으로 완벽주의자를 '적응적 완벽주의자'와 '부적응적 완벽주의자'로 구분한다. 두 유형 모두 높은 기대와 기준을 가지고 있지만, 그들의 신념 체계에는 중요한 차이가 있다.

첫 번째 차이는 '자신에 대한 믿음'이다. 적응적 완벽주의자는 높은 기준과 기대치를 설정할 뿐만 아니라, 자신이 그 기대에 부응할 능력이 있다고 확신한다. 그들의 높은 자아상과 자신이 세운 목표가 조화를 이루며, 이러한 신념이 긍정적인 동력으로 작용한다.

'이만큼 잘하고 싶다. 나는 실제로 그렇게 잘할 수 있어!'

반면, 부적응적 완벽주의자는 높은 기대와 기준을 가지고 있지만, 정작 자신이 그에 부합할 수 없다고 믿는다. 그들은 낮은 자아상을 가지고 있으며, 스스로를 기대에 미치지 못하는 존재로 여긴다.

'이만큼 잘할 수 있으면 좋겠지만, 나는 그렇게 할 수 없을 거야.'

이러한 신념 때문에 높은 기대는 동기 부여의 원천이 되기보다는 좌절감을 안겨 주고, 오히려 그들이 견디기 어려워하는 자신의 불완전함을 끊임없이 상기시킨다. 결국 완벽주의자이든 아니든, 그 자체로는 문제가 되지 않는다. 문제는 완벽주의 이면에 있는 '자기 인식'이다.

'나는 어떤 사람인가?'

'나는 내가 마땅히 누려야 할 것을 추구하고 있는가?'

'나는 성공할 수 있을까?'

만약 당신이 스스로를 완벽주의적인 기준으로 몰아세우면서, 그것이 결국 도달할 수 없는 이상을 좇는 것처럼 느껴진다면, 그리고 주변에 당신의 실패를 비웃는 사람들이 있다고 생각한다면, 이런 완벽주의는 결국 당신을 부적응적 완벽주의자로 만들 것이다. 시간이 지남에 따라 당신은 모든 행동을 거부하게 될 것이고, 모든 행동에는 자연스럽게 수치심이 따라붙게 된다. 즉, 당신은 자신에게 어울리지 않는 것을 추구하고 있으며, 심지어 야망조차도 가지면 안 되는 것처럼 느끼게 된다.

그러나 당신이 이미 스스로 훌륭하다고 느끼고, 그 완벽한 기준만이 자신에게 어울린다고 생각한다면 무슨 일을 하더라도 적당히 대충 해버리는 것을 참을 수 없을 것이다. 왜냐하면 최종적으로 나오는 결과도 당신의 일부이며, 자기 자신의 연장선이기 때문이다. 불완전한 완성으로 모든 것을 망치길 원치 않을 것이다.

이 둘 사이에 차이가 발생하는 이유는 무엇일까? 많은 사람의 '비판'이라고 할 수 있다. 내가 관찰한 바에 따르면, 실제로 행동하지 못하는 완벽주의자들 중 상당수가 성장 과정에서 많은 비판을 받아왔다. 하지만 칭찬이 항상 좋은 것은 아니듯 비판도 반드시 나쁜 것만은 아니다. 예를 들어, 부족한 성과에도 무조건 칭찬을 받게 되면, 이는 '이 정도 한 것도 다행이다'라는 낮은 기대를 전달할 수 있다. 반면, 어떤 일에 대해 비판을 받는 것은 상대로부터 '네 능력이라면 이보다 더 잘할 수 있을 거라고 믿어!' 라는 격려의 메시지가 될 수도 있기 때문이다.

그렇다면 진짜 문제는 무엇일까? 그것은 바로 '자신이 있는 그대로 용납된다는 안정감'의 부재다. 예를 들어, 그림을 배우는 아이가 부모로부터 끊임없이 비난을 받는다면, 아이는 자연스럽게 '완벽한 그림을 그려야만 비난을 피할 수 있다.'라고 생각하게 된다. 이것은 높은 기준에서 비롯된 불안감이다. 동시에 반복적인 비난을 경험한 아이는 '자주 비난받는 걸 보니, 내 그림 실력은 형편없나 봐.'라고 느낄 것이다. 이는 낮은 자아상에서 비롯된 불안감이다.

이 두 가지 불안감이 결합하면, 아이는 '나는 용납되지 않을 거야.'라는 두려움과 '실패하면 모든 것이 끝이야.'라는 강박에 사로잡힌다. 그리고 이러한 불안감이 부적응적 완벽주의로 이어지는 것이다.

두 번째 차이는 실패에 대한 태도이다. 적응적 완벽주의자들은 실패를 성공으로 가는 과정에서 필연적인 경험으로 받아들이며, 성장과 학습의 기회로 여긴다. 그들의 관점에서는 사람의 지식과 능력은 계속해서 발전할 수 있는 것이며, 실패는 '경험치를 쌓는' 과정일 뿐이다. 그래서 실패 후에도 빠르게 재정비하고 다시 도전한다. 반면, 부적응적 완벽주의자들은 사람의 능력을 고정된 것으로 간주하고, 자신이 맡은 모든 과제는 자신의 유능함을 증명하는 시험이라고 여긴다. 그들의 마음속에는 다음과 같은 믿음이 있다.

'내가 이 일을 쉽게 해내지 못한다면, 나는 충분히 똑똑하지도, 재능이 있는 것도 아니다.'

'열심히 노력해도 실패한다면 그건 너무 창피한 일이니 애초에

시도하지 않는 게 낫다.'

부적응적 완벽주의자는 고정된 마음가짐(마인드셋)을 가지고 있다는 것을 알 수 있다. 그들은 모든 일을 성장의 기회라기보다는 위협으로 여긴다. 그래서 실패는 항상 그들에게 큰 좌절감을 안겨 준다. 부적응적 완벽주의자는 성공에 집착한다. 단 한 번의 시험 실패로도 인생이 끝났다고 느낄 정도로 인생의 신념이 흔들릴 수 있다.

L은 박사과정 중에 있다. 그녀는 지도교수로부터 빨리 졸업하라는 압박을 받고 있었지만, 논문을 차일피일 미루다가 결국 졸업이 지연되고 말았다. 그녀는 논문을 쓰는 대신, 이전에 쓴 논문의 문제점에 대해 끊임없이 생각하고 있었다. '이 논문의 구조가 아직 완벽하지 않아.', '이 실험 데이터는 설명이 되지만, 또 다른 가능성을 완전히 배제할 수는 없어.' 등 그녀는 끊임없이 이러한 문제들을 생각했지만, 일부 문제는 해결할 수 없었다. 결국 문제에 대해 생각하면 할수록 논문 작성은 계속 미뤄졌다.

L은 논문 디펜스 과정에서 심사위원들이 논문의 내용을 부정적으로 평가할까 봐 두려웠다. 인정받지 못할까 봐 걱정되어 스스로를 비판하며 미루는 것을 선택했고, 최선을 다해도 실패할 가능성이 있는 상황을 마주하고 싶어 하지 않았다. 결국 미루기는 실패의 위험을 회피하기 위한 불가피한 선택이 되었다.

4. 외로움

미루기의 또 다른 중요한 원인은 '외로움'이다. 내 친구 중에 작가이자 심리상담사로 활동하는 사람이 있다. 어느 날, 그녀는 주변의 미루는 습관을 가진 사람들을 관찰한 뒤, 그들에게 공통적으로 '외로움'이 있다는 사실을 발견했다. 그녀는 미루는 습관의 본질은 '사랑의 결핍'이라고 결론 내렸다. 그녀는 자신의 연구 결과를 매우 자랑스러워하며, 나에게 검증을 요청했다.

나는 그녀의 말을 진지하게 곱씹어 보았고, 그녀의 주장에 설득력이 있다고 느꼈다. 미루는 습관을 가진 사람들은 종종 엄청난 공허함에 빠진다. 그들은 자신이 하는 일의 의미, 나아가 인생 전체의 의미까지 의심하곤 한다. 그래서 온라인 게임이나 술, 순간적인 쾌락에서 존재감을 찾으려 한다.

무의미한 일보다 더 미루기 쉬운 것이 있을까? 미루는 습관이 있는 사람들은 사랑에서 비롯되는 의미가 부족한 경우가 많다. 그들은 고립감을 느끼며, 자신을 신경 써 주는 사람이 없다고 생각하고, 타인에게도 큰 관심을 두지 않는다. 그렇기에 미루는 습관이 미래의 자신이나 다른 사람에게 미칠 영향에도 무심해진다. 그러나 고립과 무관심은 본능적으로 견디기 어려운 감정이기에, 그들은 결국 다른 자극을 통해 자신의 존재를 확인하려 한다.

반면, 외로움을 느끼는 사람들 중에는 트위터 같은 SNS에 중독

되는 경우가 많다. 이는 단순히 다른 사람과 관계를 맺고자 하는 욕구와 노력의 한 방식일 뿐만 아니라, 동시에 진짜 관계에서 비롯되는 정서적 부담을 피하려는 무의식적 회피이기도 하다. 이런 방식은 그들의 외로움을 어느 정도 완화해 주지만, 그들의 시간을 조각내어 미루기 습관을 더욱 악화시킨다.

따라서 근본적으로 미루기는 원래 인간에게 주어진 의지력의 결핍을 반영한다. 그리고 이 결핍 뒤에 있는 더 깊은 감정적인 경험 역시 무시할 수 없다. 희망과 두려움, 꿈과 현실, 자기 초월과 자기 의심 등 이러한 모순된 감정들 속에서 우리는 돌파구를 찾기 위해 끊임없이 노력하고 있다. 우리는 세상과 내가 조화를 이룰 수 있는 길을 찾고 있으며, 그 길은 궁극적으로 자기 자신만이 누릴 수 있는 성공과 행복으로 이어진다.

자기 비난 vs. 자기 이해

많은 사람은 미루는 습관 때문에 마치 두 개의 자아로 분열되는 것 같은 느낌을 받는다고 말한다. 한쪽에는 성실하고 올바른 자아가 있고, 다른 한쪽에는 나태하고 타락한 자아가 존재한다. 성실한 자아는 항상 타락한 자아를 비난하고, 타락한 자아는 수치심을 느끼고 자신이 아무 쓸모가 없다고 느낀다. 이것은 죄책감과 자책감이 생기는 계기로 작용한다.

우리는 본능적으로 죄책감과 자책감이 미루는 습관을 막아 줄 친구라고 여기며, 오히려 그런 감정을 스스로 불러일으키려 한다. 우리가 어렸을 때 부모님과 선생님이 그랬던 것처럼 유혹에 빠지거나 일을 미룰 때 무섭고 단호하게 비판하는 목소리가 필요하다고 믿는다. 그래서 어디서나 "성공하고 싶나요? 그럼 자신에게 더 엄격해지세요!" 같은 슬로건이 넘쳐난다.

우리는 미루는 이유가 결국 자신에게 충분히 엄격하지 않기 때문이라고 생각하고, 더 심하게 자신을 비난하는 방식으로 문제를 해결하려 한다.

그런데 우리는 죄책감을 느끼면서도 여전히 일을 미루고 있다. 죄책감과 자책감으로 미루는 습관을 완전히 물리칠 수 있다고 생각하는 것은 착각이다. 자신을 심하게 비난하고 있다면 다음번에는 더 심각해진다. 죄책감과 자책감은 우리를 '방종 - 자기 비난 - 더 심한 방종'이라는 악순환에 빠뜨린다. 이러한 감정들은 자존감을 낮추고 자신을 게으르고 아무것도 해내지 못하는 사람이라는 인식을 강화하여 결국 모든 것을 포기하게 만든다. 대개 죄책감과 자책감은 더 큰 스트레스를 유발하고, 그 스트레스로 인해 우리는 유혹에 더 쉽게 굴복하게 된다.

그렇다면 어떻게 해야 할까? 이전 미루기에 대해 죄책감을 느끼지 않으면서 어떻게 다음번 미루기를 막을 수 있을까? 정말로 인터넷에서 떠도는 이야기처럼 타락하고 사악한 자아가 '공부하지 말고 나가서 놀자'라고 할 때, 성실하고 정의로운 자아가 '그래, 그래'라고 해야 하는 걸까? 어쩌면 진짜 그렇게 해야 할지도 모른다. 켈리 맥고니걸Kelly McGonigal은 『왜 나는 항상 결심만 할까?』에서 우리가 흔히 생

186

각하는 것과 달리, 사람들이 유혹에 빠졌을 때 죄책감 대신 행복감을 느끼게 하면 실제로 유혹에 저항하는 능력이 높아질 수 있다고 설명한다. 자기 이해가 죄책감보다 책임감을 더 강하게 만들어 주기 때문이다. 죄책감과 자책감에서 벗어나면, 단순히 자신의 무능함을 탓하기보다 왜 실패했는지 고민할 능력이 생긴다. 내면의 좌절감을 달래기 위해 많은 심리적 자원을 낭비하지 않아도 되기 때문에 오히려 자제력을 강화하고 유혹과의 전쟁에서 재정비할 수 있는 여유가 생긴다.

우리는 보통 의지력을 규칙이나 이성적인 것으로 생각하는데, 그 근원을 따지다 보면, 결국 모든 것은 '사랑'으로 향하게 된다. 사실 자제력을 높이기 위해서는 사랑과 자기연민, 즉 더 감성적이고 부드러운 것들이 필요하다.

한 아이가 있다. 그 아이는 최선을 다했지만 놀고 싶은 마음 때문에 선생님이 내준 숙제를 완성하지 못했다. 이제 당신이 그 아이의 부모라면, 어떻게 아이에게 가르침을 줄 것인가? 그리고 그 아이는 어떤 방식의 가르침을 원하고 있을까?

아이에게 필요한 것은 엄격한 비판이나 방임이 아니라 사랑이 담긴 규칙과 따뜻한 단호함이다. 단호함은 목표와 방향을 잊지 않는 것이고, 따뜻함은 그 아이의 실수를 용서하고 받아들이는 것이다. 어쨌든 그 아이는 아직 어린아이지 않은가.

우리도 그 아이다. 이제 우리도 자신에게 따뜻하면서도 단호한 부모가 되어 주자. 자신이 그저 평범한 인간임을 받아들이고 부족한 부분을 충분히 사랑해 주자. 일을 미루고 난 후에는 자기 비난이 아닌 자기 격려로 대신하고, 더 나은 자신이 될 수 있다고 응원해 주자. 이전에 미룬 것을 갚아야 할 빚으로 여기지 말고, 새로운 목표를 가지고 가볍게 다시 출발하자. 우리를 미루는 습관의 늪에서 구원할 수 있는 것은 사랑뿐이다.

자기 자신과 협상하라

미루는 습관을 개선하는 데 중요한 것은 자기 자신과의 내면 갈등을 풀어내는 일이다. 자신에게 지나치게 엄격해서도, 그렇다고 지나치게 관대해서도 안 된다. 자책보다는 스스로와 깊이 있는 대화를 나누는 법을 배우는 것이 바람직하다.

자기 관리의 본질은 다름 아닌 '자신과의 협상'이다. 흥미롭게도, 자기 관리는 직원 관리와 같은 원리를 따른다. 타인에게 동기부여하는 방법을 알면, 자신을 동기부여하는 방법도 터득할 수 있다. 반면, 스스로를 잘 관리하지 못하면 다른 사람을 설득하는 것도 어려워진다. 또한 자신과의 관계는 타인과의 관계와도 닮아 있다. 다른 사람과 원만한 관계를 유지하는 방법을 아는 사람은 자신과도 건강한 관계를 맺을 수 있다. 반면, 자신과의 관계가 불편하면 타인과의 관계도 원활하기 어려울 가능성이 크다.

　미루는 습관의 특징 중 하나는 여가 상태에서 일하는 상태로 전환하는 것이 매우 어렵다는 점이다. 그러나 일단 시작만 하면 그다음부터는 그리 많은 의지력이 필요하지 않다. 마치 차에 시동을 걸 때는 큰 힘이 들지만, 한 번 주행을 시작하면 적은 힘으로도 부드럽게 달릴 수 있는 것과 같은 원리다.

　문제는 우리가 이 '주행 과정'을 자주 스스로 방해한다는 것이다. 웹사이트를 잠깐 둘러보거나 채팅을 하면서 별것 아닌 행동이라 여길 수 있지만, 일에서 여가로 전환된 후 다시 집중 상태로 돌아오려면 큰 의지가 필요하다. 따라서 온라인을 하거나 채팅을 하고 싶을 때는 즉각 실행에 옮기지 않는 것이 좋다. 그렇다고 스스로에게 냉정하게 '절대 하지 마'라고 강요할 필요는 없다. 이럴 때야말로 자신과 협상해야 한다.

　일단 일하는 상태에 들어가면 유혹에 저항하는 능력이 훨씬 강해진다. 즉, 이미 집중한 상태에서 스스로를 설득해 계속 일하는 것이, 여가 상태에서 다시 일을 시작하는 것보다 훨씬 수월하다.

　그렇다면 여가 상태에서 어떻게 하면 다시 일에 집중할 수 있을까? 원칙은 같다. 여가 상태에서는 책상에 앉아 몇 시간 동안 연속으로 일하는 것이 마치 고통스럽게 느껴질 수 있다. 이때 '계속 쉬어야 한다'거나 '조금만 더 놀자'는 생각이 끊임없이 떠오를 것이다. '어차피 오늘은 다 갔으니 내일부터 제대로 해야지.', '오늘은 컨디션이 안 좋으니까 그냥 쉬자. 내일은 진짜 열심히 할 거야!' 같은 자기 합리화의 목소리도 들려올지 모른다. 이럴 때야말로 다시 한번 협상의 기술을 발휘해야 한다.

미루는 습관에 관해 이야기하면 자주 떠오르는 이야기가 하나 있다. 옛날에 한 늙은 스님과 어린 스님이 시주하러 산 아래로 내려갔는데, 산기슭에 돌아왔을 때는 이미 해가 저물어 있었다. 어린 스님은 앞을 보며 걱정스러운 목소리로 물었다.

"스승님, 이렇게 어둡고 길도 먼 데다가 산 위에는 가파른 절벽이 있고, 하늘에는 새들과 맹수들까지 있습니다. 우리에게는 이 작은 등불 하나뿐이라 발밑 정도만 겨우 비출 수 있을 뿐인데, 이걸로 집까지 무사히 돌아갈 수 있을까요?"

늙은 스님은 어린 스님을 바라보며 차분하게 말했다.

"네 발밑만 보거라."

때로 우리는 이렇게 막막하고 자기 의심과 불안에 빠져, 먼 목표를 명확히 볼 수 없고 무엇을 해야 할지 모를 때가 있다. 이때 우리 발밑의 아주 조그마한 길을 밝힐 만큼의 에너지와 자원이라도 있다면 발밑만 보길 바란다. 걷다가 뒤를 돌아보면 이미 꽤 멀리 왔다는 것을 알게 될 것이다.

아주 작은 일이라도 우리가 할 수 있는 것부터 해 보자. 그렇게 하다 보면 이미 많은 일을 해냈다는 것을 깨달을 것이다. 이것이 아마도 미루는 습관에 작별을 고하는 가장 간단하고도 효과적인 방법이다.

당장 할 수 있고, 하고 싶은 일을 해라

몇 년 전 나는 『미루는 습관, 안녕』이라는 작은 전자책을 출판한 적이 있다. 이 책은 당시 미루는 습관과 관련해 인기 있던 『왜 나는 항상 결심만 할까?』, 『의지력의 재발견』, 『미룸Procrastination』 등의 도서를 참고하고, 거기에 나만의 이해를 더해 작성했다. 이번 장의 내용역시 그 책에서 비롯되었다.

때때로 유행하는 책이나 화제가 되는 대화를 통해, 사회 심리의흐름과 변화를 엿볼 수 있다. 내가 이 책을 처음 출간했을 당시, 미루는 습관은 뜨거운 화두였다. 많은 사람이 미루는 습관 때문에 불안을 느끼고 있었고, '미루지만 않으면 눈앞의 기회를 잡을 수 있다'는믿음이 강했다. 지금 돌이켜보면, 이는 마치 '사람이 하늘을 이길 수 있다'는 낙관적인 관점과 비슷해 보인다.

사회적 요구와 개인의 의지가 충돌할 때, 사람들은 외부의 요구가 부당하다고 느끼기보다는 자신의 미루는 습관을 문제 삼는다. 그리고 매번 본능적으로 자신을 탓하곤 한다.

오늘날 996(아침 9시부터 밤 9시까지, 주 6일 근무하는 중국의 과도한 근무 문화), 탕핑(치열한 경쟁과 과도한 사회적 기대에 대한 저항으로 최소한의 생계 활동만 하는 태도), 네이쥐안(무한 경쟁 사회를 뜻하는 신조어) 등의 논의를 거치며, 사람들은 더 이상 자기 자신을 몰아붙이는 데 집중하기보다 오히려 자기 관리에 더 많은 관심을 기울이기 시작한 것 같다.

이제 사람들은 일부 문제가 반드시 자기 잘못이 아닐 수도 있다는 사실을 점차 깨닫고 있다. 운과 타이밍이 작용할 때도 있으며, 아무리 노력해도 환경이 뒷받침되지 않으면 원하는 결과를 얻기 어렵다는 것도 알게 되었다. 아마 이런 변화 때문인지, 최근에는 자제력이나 미루는 습관 같은 주제에 대한 관심이 예전보다 줄어든 듯하다.

하지만 여전히 많은 이가 미루는 습관의 고통 속에 있다. 행동이 우리의 생각을 현실로 만드는 통로라면, 많은 사람은 미루는 습관 속에서 자신을 잃어버린다. 그들은 그 답이 실제로 자신과 현실과의 충돌에서 나온다는 사실을 깨닫지 못한 채 행동과 미루기 사이에서 갈등을 겪으며 끊임없이 머릿속에서 답을 찾으려고 한다.

왜 그럴까? 주된 이유 중 하나는 우리가 행동에 너무 많은 기대를 걸기 때문이다. 간단히 말해서 우리는 너무 먼 미래까지 생각하고 있다는 것이다. 만약 누군가가 당신의 행동이 효과가 있다고 말한다면, 그리고 당신이 그것을 믿는다면 기꺼이 무언가를 할 것이다. 하지만 당신이 그 일의 효과를 의심하면 이미 마음속에서 예정된 실패를 피하려고 미루기의 늪에 빠질 것이다.

행동이 즉각적이고 결정적인 효과를 내는 것은 아니다. 앞서 말했듯이 답은 머릿속에 있지 않다. 일단 행동을 시작하면 새로운 변화가 생길 것이다. 최종 결과는 그 변화 자체가 아니라, 그 변화에 대한 당신의 반응에 달려 있다. 나는 종종 일하는 것을 체스에 비유한다. 당신이 한 수를 두면, 현실이 또 한 수를 둔다. 그러면 당신은 현실의 수를 보고 그에 맞는 수를 다시 두어야 한다. 당신이 계속 행동하는 한 이 체스 게임은 끝나지 않을 것이며, 그전까지는 승패를 논할 필요가 없다.

나는 미루는 습관을 지닌 내담자들과 함께 행동 계획을 세우기도 했다. 행동의 어려움에 직면했을 때, 나는 그들에게 자신이 할 수 있는 가장 작은 한 걸음이 무엇인지 생각해 보라고 제안했다. 예를 들어, 자퇴하고 집에 있는 학생에게는 먼저 집 밖으로 나가 보라고 하거나 일자리를 고민하는 학생에게는 이력서를 작성해 보라고 권유한다. 이 작은 한 걸음이 효과가 있는지 물어보는 사람도 있다.

그것은 당신이 '효과'를 어떻게 정의하느냐에 달려 있다. 원하는 최종 결과를 얻으려면 이 작은 한 걸음이 당장 큰 효과를 내지는 않더라도 이 작은 걸음 하나하나가 새로운 가능성을 만들어 낸다. 지금 이 순간의 행동에 집중하여 새로운 가능성을 만들어 내는 것이 작은 한 걸음이 가진 의미다.

미루는 습관에 빠진 학생들에게 내가 공유해 주는 기도문이 있다.

"하나님, 제가 바꿀 수 있는 것은 바꿀 수 있는 용기를 주시고, 바꿀 수 없는 것은 받아들일 평온한 마음을 주시며, 이 둘의 차이를 분별할 지혜를 주소서!"

이 기도문의 핵심은 간단하다. 우리가 통제할 수 없는 것을 통제하려고 하기보다는 통제할 수 있는 일에 노력하라는 것이다. 앞부분은 순리에 맡기고, 뒷부분은 집중하고 정진하라는 뜻이다.

살다 보면 우리가 통제할 수 없는 일들이 너무 많다. 우리의 과거나 생활 환경, 우리가 태어난 원가정을 통제할 수 없다. 우리는 다른 사람이 나를 어떻게 평가할지, 그들이 어떻게 생각하고 행동할지를 통제할 수 없으며, 그들이 나를 좋아할지 아닐지도 통제할 수 없다. 모든 사람이 죽는다는 기본적인 사실도 통제할 수 없다. 언제 죽을지 모른다는 사실도 말이다. 우리가 어떤 것들을 통제할 수 없다는 사실을 인정하지 않으면, 우리의 머릿속에는 항상 '이건 이렇게 돼야 해!'라는 그림이 남아 있다. 어떤 의미에서 앞서 언급한 '해야 한다'라는 생각은 우리가 통제할 수 없는 것들에 대한 집착이다.

우리가 통제할 수 있는 부분은 무엇일까? 예를 들어, 운동을 하고 싶다면 아침 일찍 일어날지, 저녁에 동네를 산책할지, 그리고 건강을 위해 식단을 어떻게 조절할지는 스스로 결정할 수 있다. 매일 운동하는 것이 어려울 수는 있어도, 적어도 일주일에 하루라도 운동하는 것은 충분히 통제할 수 있는 부분이다. 하지만 우리는 정작 이런 작은 선택들을 통제하려 하지 않는다. 왜냐하면 이런 행동들이 당장의 결과를 바꾸기에는 너무 미미해 보이기 때문이다. 대신 우리는 오히려 통제할 수 없는 일들에 더 많은 에너지를 쏟으며 좌절하곤 한다.

통제 이분법의 첫 번째 단계는 걱정하는 일 중에서 '통제할 수 있는 것'과 '통제할 수 없는 것'을 구분하고, 통제할 수 있는 것에 주의를 기울이는 것이다. 그러나 이분법적 사고로 나눌 수 있는 일들이 그리 많지는 않다. 어떤 일은 통제할 수 있는 부분과 통제할 수 없는 부분이 혼재되어 있기도 하다. 이런 경우는 어떻게 해야 할까? 예를 들어, 동료에게 좋은 인상을 남기는 것을 생각해 보자. 동료가 나를 어떻게 생각하는지는 통제할 수 없지만, 성실하게 일하고 도움을 주면 좋은 인상을 남길 기회는 많아진다.

통제할 수 없는 일에 대해서는 통제 이분법의 두 번째 단계를 적용할 수 있다. 즉, 통제할 수 있는 부분을 찾아내어 계획을 세우고 그 부분에 최선을 다하는 것이다. 통제 이분법에 관해 나는 저서 『인생에 정답은 존재하지 않는다』에서 자세히 다뤘다. 그 책에 한 가지 사례가 나오는데, 졸업하기 전에 SCI 논문을 한 편 더 발표해야 하는 박사과정 학생을 만난 적이 있다. 그는 너무 불안해서 상담을 청했고, 우리는 목표 설정과 계획 수립에 관해서 이야기를 나눴다. 그가 말했다.

"교수님, 말씀하신 내용이 일리는 있지만, 논문 발표는 제가 결정할 수 있는 일이 아닙니다. 실험 데이터가 이상적으로 나올지, 지도교수님이 논문을 수정할 시간을 내실 수 있을지, 편집위원회가 어떤 반응을 보일지 알 수 없기 때문에, 제가 계획을 세운다 해도 아무 소용이 없습니다."

그의 말은 사실이다. 연구 과정에서 발생하는 불확실성과 통제 불가능한 요소들은 누구에게나 불안감을 준다. 그리고 많은 사람이 이런 불확실함 때문에 미루기의 늪에 빠진다.

하지만 곰곰이 생각해 보면, 통제할 수 없는 일들 뒤에는 언제나 통제 가능한 요소가 있다. 예를 들어, 그는 실험 데이터가 이상적일지 확신할 수는 없지만, 실험을 여러 번 하면 이상적인 데이터를 얻을 가능성이 커진다는 것을 알고 있다. 언제 연구적 영감이 떠오를지 모르지만, 논문을 많이 읽으면 연구적 영감을 얻을 기회가 많아질 것이라는 사실도 알고 있다. 지도교수님이 논문을 수정할 시간이 있을지는 모르지만, 교수님께 여러 번 요청하면 피드백을 받을 가능성이 커진다는 것도 알고 있다.

이런 '알고 있는' 부분이 바로 자신이 할 수 있는 일이다. 따라서 통제할 수 있는 부분을 찾아내어 계획을 세우면 적어도 해야 할 일이 명확해지고, 막연한 불안감에서 벗어날 수 있다.

내 조언을 듣고 그는 고개를 끄덕였지만 할 말이 좀 더 남은 듯했다.

"그런데 저는 꼭 제때 졸업해야 해요. 이미 직장도 구했는데, 졸업을 못 하면 어떡하죠?"

그는 마치 자신이 이렇게 하면 졸업할 수 있다고 보장해 주기를 기다리는 것처럼 수심에 찬 표정으로 나를 바라보았다.

그의 말을 들으니 또 다른 사례가 떠올랐다. ○○ 회사에서 미루는 습관에 관한 강연을 하던 중, 한 청중이 일어나서 질문했다.

"여가를 잘 활용하고 싶어서 목표를 많이 세웠어요. 건강이 중요하니까 매주 최소 세 번은 뛰려고 피트니스 센터에도 등록하고, 회사에서 해외로 파견하는 제도가 있는데, 이를 위해서 영어 공부도 열심히 하려고 학원에도 등록했어요. 그리고 경영에 관한 책도 많이 읽어서 시야를 넓히고 싶어요. 그런데 문제는 집에 돌아오면 휴대폰으로 게임을 하거나 웹서핑을 하다 보면 시간이 훌쩍 지나간다는 거예요. 이게 미루는 습관 때문인 것 같은데, 어떻게 개선할 수 있을까요?"

그에게 물었다.

"어차피 하지 못하는데, 왜 그렇게 많은 목표를 세웠나요?"

그의 대답은 앞의 박사과정 학생의 대답과 똑같았다.

"어느 것 하나 포기할 수 있는 게 없어요. 모든 목표가 저에게는 정말 중요하거든요!"

매우 흥미로운 현상이다. 내 경험상 대다수 사람은 통제 이분법이 불안을 다스리는 데 유용하다고 생각하면서도, 실제로 실천하는 경우는 거의 없다. 그 이유는 단순하다. 그들의 생각이 '이 일을 내가 통제할 수 있는가?'가 아니라, '이 일이 나에게 중요한가?'라는 질문으로 옮겨가기 때문이다. 이는 우리가 자연스럽게 주의력을 나누는 방식과 관련이 있다. 우리는 통제 가능성보다는 중요도를 먼저 고려하는 경향이 있다. 그러나 이 사고방식은 현재의 행동에 집중하기보다는 최종 결과에 대한 걱정으로 관심을 돌리게 만든다.

그러나 현실적으로 우리가 통제할 수 있는 것은 오직 지금 이 순간의 행동뿐이다.

미래의 가능한 결과를 생각하는 것과 지금 이 순간의 행동을 생각하는 것은 두 가지 다른 사고방식, 즉 장기적 사고와 단기적 사고다. 장기적 사고방식은 상상 속의 추상적이고 멀리 있는 일에 집중하며, 그 일이 얼마나 중요하고 어떤 결과를 가져올지를 평가한다. 반면, 단기적 사고방식은 실제로 벌어지고 있는 가까운 일들에 집중한다. 멀리 있는 것은 우리에게 동기를 유발하고, 가까운 것은 우리가 행동하는 데 도움을 준다.

먼 미래를 생각할 때 우리는 먼저 결과를 판단하고, 그 일이 유용한지 평가한 후에 해야 할지 말지를 결정한다. 어떤 보상이 보장되어 있어야 비로소 행동하는 것처럼 말이다. 하지만 많은 경우 그 일이 유용한지 아닌지는 끝까지 해 봐야 알 수 있다. 우리가 행동에 몰입하지 않으면 결코 성공에 이를 수 없다. 대부분의 사람은 먼저 결과를 보고 믿으려고 하는데, 때로는 먼저 믿고, 먼저 몰입해야만 원하는 결과를 볼 수 있다. 결과를 예측하려고 하면 행동할 힘을 잃을수 있다.

내담자 A는 미래에 대한 불안으로 어떤 일을 해도 소용이 없다고 느꼈다. 일종의 학습된 무기력의 상태였다. 그래서 나는 그가 불안을 느낄 때마다 자신에게 두 가지 질문을 던져 보라고 했다.

1. 지금 내가 할 수 있는 일은 무엇인가?
2. 나는 그것을 하고 싶은가?

이 질문을 통해 그가 현재에 관심을 두고 보다 가까운 일에 집중하도록 하려고 했다. 그는 무척이나 회의적이었다.

"지금도 저는 이게 무슨 소용이 있을까 생각하고 있어요."

"당신은 이미 먼 미래를 생각하는 데 익숙해져서 그래요. 자칫하면 그 사고방식이 다시 올라올 거예요. 이제 다른 방식으로 한번 해 봅시다. 지금 당신이 할 수 있는 일이 무엇인지 대답해 보실래요? 지금 아무런 동기부여가 되지 않은 상태에서 말이죠."

그를 먼 곳에서 현재로 끌어오는 것은 쉽지 않았다. 그는 잠시 생각한 뒤 대답했다.

"산책을 할 수 있고, 친구와 대화하거나 맛있는 음식을 먹을 수 있어요."

그가 하나씩 말할 때마다, 나는 그것이 실제로 그가 할 수 있는 일임을 확인시켜 줬고 그도 고개를 끄덕이며 동의했다. 그의 말이 끝나기를 기다렸다가 나는 다시 질문을 던졌다.

"이 중에 하고 싶은 일이 있나요?"

"하고 싶지 않아요."

그는 그 이유를 설명하려 했지만, 굳이 그럴 필요는 없었다.

"괜찮아요. 하고 싶지 않으면 안 해도 됩니다."

사람이 무엇을 하고 싶지 않다는 것은 단기적 사고방식에 속하는 반면, 그 이유를 설명하는 것은 장기적 사고방식이다. 그의 설명은 그가 하고 싶지 않다는 마음을 더욱 공고히 할 뿐이다. 나는 내담자가 주의를 가까운 것에 집중하길 원했기 때문에 그의 말을 끊었다. 또 그에게 이런 암시를 주고 싶었다.

'당신은 자기 행동을 통제할 수 있으며, 자기 행동에 책임을 져야 해요.'

그는 잠시 생각한 후에 이렇게 말했다.

"사실 시도해 보고 싶지 않은 건 아니에요. 하지만 정말로 할 수 있을지 걱정돼요."

"그럼 실제로 그렇게 하려면 지금 무엇을 할 수 있을까요?"

그는 한참 동안 생각에 잠겼다.

"두 가지 질문을 한두 문장으로 요약해서 메모해 두고 외울 수 있어요. 불안할 때 그것을 꺼내 보면서 스스로 상기시킬 수 있을 거예요."

"좋아요. 그럼 해 보실래요?"

"네, 한번 해 볼게요!"

이렇게 해서 그와의 상담은 두 가지 질문으로 요약되었다.

1. 지금 내가 할 수 있는 일은 무엇인가?
2. 나는 그것을 하고 싶은가?

그 후 일주일 동안 그는 이 두 가지 질문을 계속 상기하면서 멀리 있는 일을 생각하지 않으려 노력했다. 이 두 질문은 시간의 닻처럼 작용하여, 그의 생각이 불안으로 인해 멀리 떠나갈 때마다 그를 현재로 다시 데려오고 행동할 수 있게 도왔다. 덕분에 그의 불안은 조금씩 줄어들었다.

이 방법은 불안으로 인해 행동력을 상실한 학생들에게도 자주 권

하는 방법이다. 당신은 머릿속에만 머무를 것이 아니라, 현실로 나아가야 한다. 현실 속으로 들어가 직접 경험해야 한다. 지도교수님은 이렇게 말씀하셨다.

"우리의 마음은 자주 떠 있죠. 여러 가지 생각이 생기면서 우리를 현재로부터 멀어지게 합니다. 마음을 가라앉히기 위해서는 하나의 초점이 필요해요. 그 초점에 충분히 오랫동안 머물면 집중하게 되고, 집중하게 되면 그 일에 깊이 빠져들게 됩니다."

그 안에 깊이 들어가면 '자기 자신으로부터 벗어나는 길'을 찾게 된다. 그러면 우리는 자신을 온전히 잊어버릴 수 있다.

○ 지금 당장 따라 해 보기

1. WOOP 사고법으로 미루는 습관 극복하기

심리학자 가브리엘레 외팅겐Gabriele Oettingen은 실천이 쉬운 자기조절 동기부여 전략으로 'WOOP'라는 사고법을 개발했다. WOOP 사고법을 완성하는 데는 단 10분밖에 걸리지 않지만 예상치 못한 큰 성과를 얻을 수 있다. 과정은 다음 네 가지 단계로 이루어진다.

• Wish(소망): 긴장을 풀고 숨을 깊이 들이쉬자. 오늘, 이번 주, 이번 달 또는 올해 안에 이루고 싶은 소망을 생각한 후 적어 보자.

• Outcome(결과): 소망이 이루어졌을 때의 최고 결과를 상상해 보자. 소망이 이루어진 후의 경험과 느낌을 가능한 한 생생하게 떠올리자.

• Obstacle(장애물): 때로는 일이 생각했던 것만큼 순조롭게 진행되지 않을 수 있다. 소망을 이루는 데 방해가 되는 가장 큰 내면의 장애물을 찾아보자. 이 장애물은 어떤 행동이나 감정, 관점 또는 습관이 될 수 있다. 중요한 것은 이 장애물이 단지 표면적인 현상이 아니라 당신의 행동을 방해하는 진짜 원인 이어야 한다는 것이다. 당신의 행동에 대한 깊은 이해와 분석이 필요하다.

• Plan(계획): 장애물을 극복하거나 피하기 위해 가장 효과적인 방법을 생각해 보고, 이를 기억해 두자. 이 장애물이 언제, 어디서 나타날지 상상해 보자. '만약 …한다면 …할 것이다'라는 계획을 세워 보자. '장애물 X가 나타나면 (언제, 어디서) 나는 행동 Y를 취할 것이다.' 이 계획을 자신에게 몇 번이고 반복해서 말해 보자.

예를 들어, 나의 소망은 오늘 이 장章을 완성하는 것이다. 만약 제때 완성하면 원고를 순조롭게 제출할 수 있다(W). 그럼 그동안의 노력이 열매를 맺고, 편집자와의 약속도 지킬 수 있으며 책도 제때 출간할 수 있다(O). 하지만 나의 장애물은 내가 자주 스마트폰을 확인하고, 메시지를 보내거나 웹서핑을 하는 것이다. 그러다 보면 시간이 금방 흘러가고 만다. 그 이유는 아이디어가 부족하거나 글이 잘 써지지 않을 때, 짜증이 나고 불편한 감정을 피하고 싶어서 스마트폰을 통해 그런 감정을 회피하려 들기 때문이다(O). 그래서 나는 계획(P)을 세웠다. 도서관에서 글을 쓸 때, 오전 9시부터 11시 30분 사이에 스마트폰이 보고 싶어지면(X), 자리에서 일어나 스트레칭을 하고 심호흡을 몇 번 하기로(Y) 했다.

이 방법이 효과가 있을까? 물론이다. 이 장이 순조롭게 완성된 것이 그 증거다. (WOOP 사고법은 여러 심리학 실험에서 효과가 검증된 방법이다.)

2. GTD 시도하기

'GTD Getting Things Done'는 원래 데이비드 앨런David Allen이 쓴 베스트셀러 책 제목인 『쏟아지는 일 완벽하게 해내는 법』의 약자였으나, 나중에는 전 세계적인 시간 관리 기법으로 발전했다.

가끔 우리는 해야 할 일이 너무 많고 복잡해서 미루곤 하는데, 사실 손에서는 놓았더라도 마음에서는 놓지 못할 때가 많다. 이러한 미완성된 일들은 우리 뇌의 메모리를 차지하고 일의 효율성을 떨어트린다.

일반적인 작업 관리 방법은 해야 할 일들을 목록으로 정리한 후, 중요도와 긴급도에 따라 우선순위를 매기는 것이다. 하지만 이렇게 정리했더라도 목록에 있는 일들은 여전히 메모리에 남아 있어서 메모리 리소스를 차지한다. GTD는 한 걸음 더 나아가 해야 할 일들을 목록으로 작성할 뿐만 아니라, 이 일을 어떻게 처리할 것인지의 다음 단계까지 명확히 정리할 것을 제안한다. 처리할 것인지,

보류할 것인지, 아니면 버릴 것인지 분류하는 것이다. 뇌는 단순해서 일단 어떻게 할지 계획을 세우면, 이미 처리한 것으로 생각하고 '완료'라는 태그를 붙인 후, 뇌 메모리에서 장기 기억으로 옮긴다. 메모리보다 장기 기억의 용량이 훨씬 크기 때문에 필요할 때는 다시 장기 기억에서 불러올 수 있다.

그러니 무엇을 해야 할 것인가에서 그치지 않고 한 걸음 더 나아가 어떻게 할 것인지까지 명확히 작성해 보자. 그러면 세상이 한층 더 조용해지는 것을 느낄 수 있을 것이다.

3. 포모도로 기법

긴 시간보다는 짧게 집중하는 편이 쉬운 법이다. 포모도로 기법은 시간을 25분 단위로 나누어 '토마토 타이머'를 설정하고, 그 25분 동안 집중해서 일하여 미루는 습관을 극복하는 방법이다. 구체적인 방법은 다음과 같다.

(1) 완수해야 할 업무 목표를 설정한다. 목표를 여러 작업으로 나누고 일정에 따라 업무를 지정하자.

(2) 토마토 타이머를 25분으로 설정한다. 현재 모바일 앱 스토어에는 다양한 토마토 타이머 앱이 있으며, 온라인에서는 실제 토마토 모양의 알람 시계도 구매할 수 있다.

(3) 첫 번째 업무를 시작한다. 타이머를 설정하고, 알람이 울리거나 시간이 끝날 때까지(25분 동안) 집중해서 일한다.

(4) 업무를 멈춘다. 해당 작업을 한 후에 토마토를 하나 그려 첫 번째 타이머가 끝났음을 표시한다.

(5) 5분간 휴식한다. 몸을 움직여 주자.

(6) 다음 타이머를 설정하고 계속 일을 한다. 계획된 업무가 끝날 때까지 이 과정을 반복한다. 업무가 완료되면 해당 업무를 삭제한다.

(7) 타이머 4회가 끝날 때마다 25분간 휴식한다.

(8) 중간에 어떤 이유로 방해받아 업무가 중단되었다면 해당 타이머는 무효로 간주한다. 방해 요소가 사라지면 다시 타이머를 설정하고 처음부터 다시 계산한다.

○ 당신에게 묻고 싶은 질문

(1) 장기적으로 어떤 목표를 가지고 있는가? 그 목표는 당신에게 어떤 의미를 지니는가?

(2) 미루는 습관이 사라진다면 어떤 변화가 일어날까? 이러한 변화는 당신이 목표를 달성하는 데 어떻게 기여할 수 있을까?

(3) 당신에게 가장 소중한 사람은 누구인가? 만약 미루는 습관을 극복한다면, 그 사람은 당신의 변화를 어떻게 바라볼까?

(4) 최근 미뤄왔던 행동에 대해 스스로를 용서할 수 있는 이유는 무엇인가?

(5) 만약 과거를 지우고 다시 시작할 수 있다면, 어떤 상태로 새로운 일을 시작하고 싶은가? 그리고 지금까지의 어떤 경험이 다시 시작하는 데 밑바탕이 될 수 있을까?

○ 스스로에게 던지는 질문

(1) 어떤 공간에서 공부하거나 일할 때 가장 효율이 높은가? 그리고 어느 시간대에 집중력이 가장 극대화되는가?

(2) 업무를 얼마나 작은 단위로 나누어야 더 수월하게 완료할 수 있을까?

(3) 미루고 있는 일은 나에게 어떤 감정을 불러일으키는가? 그리고 그 일이 나를 벗어나고 싶게 만드는 이유는 무엇인가?

(4) '만약 …한다면 …할 것이다'라는 계획을 어떻게 활용하면 미루는 습관을 효과적으로 막을 수 있을까?

5장

가면을 벗고 나답게 성장하기

흐르는 물은 썩지 않고,
문지도리(문을 여닫을 때 축 역할을 하는 것)에는
좀이 슬지 않는다.
_『여씨춘추呂氏春秋』

나는 이상理想 속의 나도 아니고,
미래의 나도 아니며,
과거의 나도 아니다.
_에릭 에릭슨(Erik Erikson)

성공한 것 같지만
행복과 거리가 먼 사람들

처음 여학생 B의 이야기를 들었을 때, 나는 그녀가 F 학점을 자주 받는 학생인 줄 알았다. 그녀가 털어놓는 고민은 대부분 공부가 안 되거나 못하거나 둘 중 하나였기 때문이다.

"저는 영어 성적이 너무 안 좋아요. 특히 듣기가 형편없어요. 작년 토플 시험 때는 거의 시험을 포기할 뻔했어요."

"제 학업 성취도가 너무 낮아서 다른 사람들보다 더 많은 시간을 들여야 같은 일을 해낼 수 있어요."

"저는 자기 주관이 뚜렷하지 않고 리더십도 부족한 편이에요. 그래서 주로 다른 사람의 말을 따르곤 해요. 리더십이 탁월한 친구들을 보면 너무 부러워요."

하지만 놀랍게도 그녀의 토플 성적은 상위권이었고, 최근에는 스탠퍼드대학교에서 반년간 교환학생으로 공부를 마치고 돌아온 참이었다. 그곳에서도 그녀는 학과 내 상위 10위 안에 꾸준히 이름을 올렸고, 심지어 매우 까다롭기로 소문난 과목에서 99점을 받은 적도 있었다. 무엇보다 인상 깊었던 건, 그녀가 초등학교부터 대학교에 이르기까지 단 한 번도 반장 자리를 놓친 적이 없다는 사실이었다. 분명한 건, 내가 처음에 떠올렸던 '열등생'의 모습은 그녀와는 거리가 멀었다는 것이다. 물론 많은 사람이 그녀를 '공부벌레'라고 부르며 대단하다고 칭찬했다. 하지만 정작 그녀는 그런 말들이 자신을 잘 몰라서 하는 소리라고 여겼다.

"저를 정말 안다면, 제가 얼마나 부족한지 알게 될 거예요."

그녀는 그렇게 말하며, 겉으로 보이는 성과가 자신의 진짜 모습은 아니라고 했다. 그런 그녀에게는 또 하나의 고민이 있었다. 벌써 대학 3학년이 되었지만, 아직까지 자신을 좋아해 주는 사람이 단 한 명도 없다는 것이었다.

그녀는 '여신'급 미모는 아니었지만 어디 가도 빠지지 않을 정도로 예쁘장했다. 결코 못생긴 얼굴은 아니었다. 주변 사람들은 그녀의 성적과 실력이 워낙 뛰어나서, 남자들이 오히려 부담을 느끼고 쉽게 다가가지 못하는 것이라고들 말했다. 하지만 그녀는 자신이 매력이 없고 뚱뚱해서 그렇다고 생각했다. 그녀가 모델처럼 깡마르고 야윈 체형은 아니었지만 뚱뚱한 편도 아니었다. 단지 그녀는 자신에게 이런 결점이 있다는 사실 자체를 견디기 어려워했다.

그래서 그녀는 다이어트를 시작했다. 아침으로는 죽 반 공기와 노른자 뺀 달걀 하나, 만두를 먹어도 만두소를 빼고 먹었다. 점심으로는 사과 한 개를 먹을 때도 있고 밥 반 공기를 먹었다. 저녁으로는 또 죽을 먹었다. 그렇게 어느 정도 지나 그녀는 무려 10kg을 감량했다. 의사는 이대로 다이어트를 지속하다간 영양실조에 걸릴 것이라고 경고했지만 여기서 멈출 수 없었다.

"선생님, 저는 제 몸을 최대한 쥐어짜고 있어요. 음식을 한 입 더 먹을 때마다 깊은 죄책감을 느껴요. 지금 이 순간에도 저는 매 순간을 짜내듯 살아가고 있어요. 조금이라도 여유가 생기면 최선을 다하지 않은 것 같다는 생각이 들어요. 마치 대학 입시 때처럼 저는 문제 하나하나, 점수 하나하나를 짜내려고 정말 최선을 다했어요. 문제를 잘못 풀어서 틀리면 부모님께 죄송한 마음이 들었어요. 그래서 제가 가까스로 대학에 합격했다는 사실을 알았을 때 너무 슬퍼서 눈물을 흘렸어요."

나는 대학에서 일하면서, 성적도 우수하고 성실한 학생들이 예상치 못한 좌절감을 느끼는 모습을 종종 마주하곤 했다.

"입시에 실패해서 ○○대학에 왔어요."

이 말은 단순한 하소연이 아니라, 그들 내면 깊은 곳에 자리한 상처를 드러내는 고백이었다. 이러한 좌절감은 캠퍼스 곳곳에 퍼져 있었고, 심지어 학교 밖 사람들과의 대화 속에서도 자주 느껴졌다.

그들 곁에는 칭화대학교나 베이징대학교에 다니는 친구가 한 명쯤은 있을 것이다. 그 친구는 지금쯤 교환학생으로 외국에 나가 있거나, 학술지에 주목할 만한 논문을 실었거나, 누가 봐도 멋지고 흥미로운 일을 하고 있을지도 모른다. 그리고 그 친구의 존재는 매 순간, '나는 아직 충분히 뛰어나지 않다'는 사실을 그들에게 상기시킨다. 그들은 자신의 전공에도 만족하지 못하고, 그로 인해 늘 고민이 많다. 다른 친구들의 전공은 쉬워 보이고, 더 재미있어 보이며, 심지어 더 유망해 보이기까지 한다. 설령 본인의 전공을 좋아한다고 하더라도, 그것이 학교 내에서 인기 없는 학과라거나, 지도교수나 실험실 환경이 마음에 들지 않는 경우도 있을 것이다. 기회만 주어진다면, '전도유망한' 전공으로 옮기고 싶을지도 모른다. 그 전공이 특별히 좋아서가 아니라, 그것이 가장 안전한 선택임을 알기 때문이다. 이제는 자신이 진정으로 원하는 것이 무엇인지 고민할 필요조차 느끼지 않는다. 고민은 사치가 되어버렸고, '안전'이 곧 목표가 되었다.

가끔은 조용한 도서관에서 일하는 사서나, 골목 어귀에서 감각적인 카페를 운영하는 사장의 모습을 그려보기도 한다. 하지만 이상하게도, 아무 일도 하지 않고 잠시만 가만히 있어도 '평범하다'는 사실이 두려움과 불안으로 다가온다. 그들은 인내심이 부족해서가 아니라, 끊임없이 '비교'와 '평가' 속에서 살아왔기 때문에 조바심을 낸다.

성공과 성장은 당연히 추구해야 할 목표였고, 어떤 문제가 생기면 그저 빠르게 해결하는 데만 집중한다. 하나의 기준 아래에서 선택받고 평가받는 것에 익숙해져 버린 것이다.

하지만 그렇게 쏟아부은 노력만큼, 정작 성공의 기쁨은 온전히 누리지 못한다. 대신 마음속엔 실패에 대한 두려움이 점점 더 깊어만 간다. 뒤처질까 봐, 무시당할까 봐 불안해하고, 누가 보기엔 대단한 일을 해냈어도 스스로는 "운이 좋았을 뿐이에요."라며 의미를 축소한다.

그들은 심리적인 영역에서도 자신을 그냥 내버려 두지 않는다. 심리적 자질 향상을 매우 중요시하며 문제가 있으면 반드시 변해야 하고 '치료'를 받아야 한다고 생각한다. 그들은 어떻게 하면 미루는 습관을 극복하고 집중력과 효율성을 높일 수 있는지, 또 어떻게 하면 자신감을 강화할 수 있는지 고민한다. 궁극적으로는 '누구처럼' 잘할 수 있을지를 기준 삼아, 늘 더 나은 자신이 되어야 한다는 압박감을 안고 살아간다.

하지만 명문대 학생들은 학업 성취나 외적인 성공으로는 타인의 부러움을 사지만, 정작 본인들은 행복과는 먼 거리에 서 있는 경우가 많다. 그들은 졸업 후 사회에 진출해 점차 사회의 중추적인 역할을 맡게 될 것이다. 그러나 그들의 세계에서 비교의 기준은 멈추지 않고 끊임없이 이동한다. 입시 시절엔 '어느 대학을 나왔는가'였던 질문이, 사회에 나와서는 '어떤 회사에 다니는가', '얼마나 많은 돈을 버는가', '집은 얼마나 큰가', '결혼은 했는가', '배우자는 누구인가', '자녀는 어떤 학교에 다니는가' 같은 질문들로 바뀐다.

비교의 대상은 친구에서 직장 동료로, 이후엔 이웃이나 부모의 지인으로 옮겨가지만, 불안과 좌절은 늘 그 곁을 맴돈다. 그들은 언제나 자신의 삶에 어딘가 문제가 있다고 느끼며, 언젠가 인생의 최종 승자가 되는 날이 오면, 비로소 행복해질 거라고 믿는다. 하지만 그들이 상상하는 그 '행복'은 안타깝게도 결코 도착하지 않는다.

나를 잃어버리게 하는 비교와 평가의 덫

사람은 누구나 안정감을 느낄 때, 세상을 향한 호기심과 도전을 받아들이려는 본능이 깨어난다. 그것은 우리가 삶 속에서 무언가에 몰입하고 의미를 찾게 되는 내면의 동력이다. 그러나 불안이 스며들기 시작하면, 이 섬세한 내적 동기는 순식간에 흔들리고, 쉽게 부서져 버린다.

딸이 두 살 남짓 되었을 무렵, 원기둥 모양의 장난감을 하나 사준 적이 있었다. 다양한 크기의 원기둥을 각각 맞는 크기의 구멍에 끼워 넣는 놀이였다. 아이는 이것을 '원기둥 아기를 집으로 돌려보내기 놀이'라고 불렀다. 아직은 손 조정 능력이 부족해서 작은 원기둥을 구멍에 끼워 넣는 것이 매우 어려웠다. 반복해서 계속 시도하면서도 나에게 도움을 요청하지는 않았다. 마침내 모든 원기둥을 구멍에 넣었을 때, 아이는 자랑스럽게 자신에게 말했다.

"다시 해 보자!"

자, 이제 이 단순한 놀이가 하나의 '시험'이라고 상상해 보자. 그리고 내가 딸이 더 잘 해내길 바라는 마음에 다음과 같은 말을 반복해서 건넸다고 해 보자. 과연 그 결과는 어땠을까?

(1) 아이가 잘하지 못할 때마다 나는 비난한다:
"이 정도 일도 잘하지 못하다니, 정말 어리석네."

(2) 아이가 잘할 때마다 과한 칭찬을 쏟아낸다:
"너는 천재야, 누구보다 똑똑해. 앞으로 큰일을 할 수 있을 거야."

(3) 장난감 놀이를 부담으로 만든다:
"우리 집 형편이 그리 좋지 않단다. 애야, 네 분윳값은 이 장난감 게임으로 벌어야 한다."

(4) 놀이에 미래를 걸어버린다:
"딸아, 열심히 해라. 이 일이 네가 나중에 명문 초등학교에 갈 수 있는지, 그리고 미래에 성공할 수 있는지에 영향을 미칠 거야."

(5) 끝없는 비교로 동기를 자극한다:
"너는 옆집에 있는 A보다 잘하고 있지만 왕 선생님 집 딸을 따라잡으려면 아직 멀었어. 그 아이가 너보다 두 달이나 더 어리다는 걸 기억해야 한다."

물론 내가 딸에게 이런 말을 하지는 않겠지만, 현실에서는 가족 관계 안에서 이처럼 평가적인 말들이 너무도 자연스럽게 오가곤 한다. 실제로 성장 과정에서 이러한 말들을 들으면 도전의 즐거움이 상대적인 실패감으로 변할 수 있다. 이는 다시 '내가 충분히 잘하지 않으면 상대방이 나를 받아들여 주지 않을 수 있다'라는 의심으로 이어지며, 우리를 야생에서 날뛰던 동물에서 경기장의 규칙을 준수하는 선수로 바꿔 버린다.

사회적 평가는 그것이 비판이든 칭찬이든 쉽게 불안으로 이어질 수 있고, 이는 방어적인 태도와 과도한 자기 집중으로 연결되기 쉽다. 이런 평가로 인해 피해를 입는 사람은 단지 '기량이 부족하다'고 비교되는 아이들만이 아니다. 비교의 대상이 되는 '다른 집 아이들' 또한 그 피해에서 자유롭지 않다. 이러한 비교는 그들에게 '나는 뛰어난 사람이다'라는 건강한 믿음을 심어주기보다는, '반드시 뛰어나야만 한다. 그렇지 않으면 언젠가 옆집 아이처럼 고개를 숙이게 될 거야'라는 강박적인 신념을 형성하게 만든다. 이런 아이들은 오히려 다른 누구보다 더 불안해 보이며, 대체로 더 열심히 노력하지만, 그만큼의 자신감을 보이지 못한다. 그리고 좌절을 겪었을 때 그것을 받아들이고 회복하는 데도 더 많은 어려움을 겪는다.

문과 출신인 학생 P는 학교에서 '미적분' 같은 고급 수학 과목을 수강하게 되었고, 한동안은 이를 붙잡고 열심히 공부했지만, 결국 포기하고 말았다고 했다. 가까스로 합격할 실력은 있었지만 두 번의 시험을 모두 포기했고, 졸업을 미루는 한이 있어도 도움을 청하고 싶지 않았다고 한다. 이후 그는 거의 방 안에 틀어박혀 지냈고, 어쩌다 외출할 때면 무표정한 '가면'을 쓴 채, 동기들을 피해 조용히 다녔다.

그는 전형적인 '옆집 아이'였다. 어릴 때부터 얌전하고 성실했으며, 수능 성적도 뛰어나 학교 '명예의 벽'에 사진이 걸렸다. 그러나 정작 그는 그때를 떠올리며, 마치 빚을 지고도 갚지 못할 것 같은 두려움을 느꼈다고 말했다.

이러한 두려움은 '옆집 아이들'에게서 나타나는 공통점이다. 그들은 자신이 다른 사람들이 생각하는 것처럼 좋은 사람이 아닐 수도 있다는 공통된 비밀을 갖고 있다. 카렌 호나이Karen Horney나 칼 로저스Carl Rogers 같은 심리학자들은 이와 관련된 이론을 제기해 왔다.

아이들은 부모나 주변 사람들에게 인정받지 못할까 봐 걱정할 때, 극심한 초조함과 불안을 느낀다. 그들은 이러한 불안을 해소하기 위해 부모가 좋아할 만한 가상의 '자아'를 만들어 낸다. 이 가상의 자아는 대개 완벽하다. 똑똑하고 아름답고 뛰어나며 결점이 없다. 사람들은 이를 통해 사랑과 인정을 얻고자 한다. 그러나 현실의 자신과 가상의 자아를 비교하면서, 점점 스스로를 '가짜'라고 느끼게 된다. 그리고 그 환상을 유지하려 애쓰면서, 누군가가 자신의 진짜 모습을 알아볼까 봐 두려워한다.

그로 인해 때로는 이상한 상황이 벌어지기도 한다. 이는 단순히 뛰어남의 문제가 아니라, 스스로를 '위조품'처럼 느끼는 감정과 관련이 있다. 실제로 주변으로부터 충분히 인정받고 있음에도 불구하고, 자신이 부족하다고 느끼기 때문에 '뛰어난 척'을 해야 한다고 생각한다. 다른 사람의 칭찬을 받아도 자신감은 좀처럼 올라가지 않고, 오히려 죄책감만 깊어진다. 자신이 받은 칭찬이 진짜 자아가 아닌, 가짜 자아를 향한 것이라고 여기기 때문이다. 그 칭찬이 가능했던 것도 결국 자신을 철저히 숨겼기 때문이라는 생각에서다. 그래서 진짜로 뛰어난 사람들조차 자신이 그 모든 것을 가장하고 있다고 믿게 되고, 그 증거마저 스스로 가짜로 돌리는 상황은 참으로 가혹하다.

그들은 언제나 방어적인 태도를 보이며 마치 권좌를 찬탈한 황제처럼 자신의 권력이 불안정할까 봐 경계한다. 그래서 국가를 세우는 일에는 관심을 두지 않고, 오직 자리를 지키는 데 집중한다. 그들이 방어하는 것은 무엇일까? 바로 몇 가지 기본적인 신념이다.

'나는 정말 그것을 해낼 수 있을까?'

'나는 사랑받을 가치가 있을까?'

'다른 사람에게 존중받고 받아들여질 수 있을까? 만약 그들이 내 진짜 모습을 보면 어떻게 될까?'

나는 자아를 심리적 구조 속에서 '수리 도구함'에 비유하곤 한다.

모든 것이 잘 작동할 때 우리는 생명 에너지를 외부 세계와의 상호 작용에 쏟는다. 세상이 우리에게 질문을 던지고, 우리는 그에 대한 답을 찾아 나선다. 그렇게 자아는 세상과 부딪치며 점점 더 풍부해진다.

하지만 불안을 느끼는 순간, 마치 도구함 속의 탐지기를 켜듯 우리의 관심은 바깥이 아닌 '자신'에게로 향한다. 우리는 자신의 내면을 들여다보며 질문하기 시작한다.

'나는 누구인가?'

'다른 사람은 나를 어떻게 생각할까?'

'내가 이렇게 하는 것이 옳은가? 아니면 그른가?'

우리가 자신을 교정하는 데 집중하다 보면 자아의 발전은 실제 세상과의 상호작용 부족으로 인해 점차 정체되기 시작한다. 정체되어 있을수록 우리는 자신을 더 많이 교정하고 싶어 하고, 더욱 자아 중심적으로 되기 쉽다. 이런 자아에 대한 과도한 집착은 때로 현실 세계의 도전을 회피하기 위한 것으로 사용되기도 하는데, 이는 악순환을 불러온다.

'불안'은 분명 하나의 동기이기도 하다. 우리는 그것을 극복하려 노력하면서 자아의 성장을 꾀한다. 그러나 이러한 방식은 능동적인 도전에서 오는 성취감과는 다르다.

많은 심리학자가 이 차이를 주목해 왔다. 존 윌리엄 앳킨슨John William Atkinson은 성공을 추구하는 동기와 실패를 피하려는 동기를 구분했으며, 에이브러햄 매슬로^{Abraham Maslow}는 성장을 지향하는 동기와 결핍을 채우려는 동기를 구별했다.

스탠퍼드대학교의 캐롤 드웩^{Carol S. Dweck} 교수는 이 두 가지 동기의 차이는 결국 서로 다른 마음가짐, 즉 '성장 마인드셋^{Growth Mindset}'과 '고정 마인드셋^{Fixed Mindset}'에서 비롯된다고 설명한다.

성장 마인드셋과 고정 마인드셋

우리의 능력과 재능은 고정되어 있을까, 아니면 끊임없이 성장할까? 스탠퍼드대학교 심리학과의 캐롤 드웩Carol Dweck 교수에 따르면, 이 질문은 단순한 호기심의 문제가 아니다. 이 질문에 대한 믿음은 '성장 마인드셋Growth Mindset'과 '고정 마인드셋Fixed Mindset'이라는 두 가지 서로 다른 마음가짐과 직결된다.

성장 마인드셋을 지닌 사람은 인간의 능력이 지속적으로 발전할 수 있다고 믿으며, 그 성장을 중요한 가치로 여긴다. 반면, 고정 마인드셋을 가진 사람은 능력은 타고난 것이며 쉽게 변하지 않는다고 생각해, 자신의 유능함을 끊임없이 증명하려는 데 초점을 맞춘다. 이처럼 능력에 대한 내면의 믿음은 우리가 도전, 실패, 노력, 비판을 어떻게 받아들이는지를 좌우하며, 이는 결국 우리의 삶, 경력, 그리고 행복에까지 깊은 영향을 미친다.

고정 마인드셋을 가진 사람은 도전을 '자신이 무능하다는 것을 드러낼 위험'으로 인식해 회피하는 경향이 있다. 반면, 성장 마인드셋을 가진 사람은 도전을 능력을 키울 기회로 여기며 기꺼이 맞선다.

고정 마인드셋을 지닌 사람은 노력을 수치스럽게 여기는 경우가 많다. 더 많은 노력이 필요하다는 것은 곧 '능력이 부족하다'는 의미로 받아들이기 때문이다. 그래서 노력하더라도 남몰래 하려는 경향이 있다. 반대로 성장 마인드셋을 가진 사람은 노력을 자신의 잠재력을 실현하기 위한 필수적인 과정으로 여기며, 그것을 자랑스럽게 받아들인다.

'비판'에 대한 반응도 다르다. 고정 마인드셋을 가진 사람은 비판을 자신에 대한 부정적인 평가로 받아들이는 반면, 성장 마인드셋을 가진 사람은 그것을 자신을 개선할 수 있는 '기회'로 본다. 비판이 불편하더라도 받아들이려 노력하며, 성장의 발판으로 삼는다.

또한 고정 마인드셋을 가진 사람은 다른 사람의 성공을 자신의 실패로 받아들이곤 한다. 다른 사람이 해낸 일을 자신은 해내지 못했다고 느끼기 때문이다. 그러나 성장 마인드셋을 가진 사람은 타인의 성공에서 영감을 받고, 자신 역시 해낼 수 있다는 용기를 얻는다.

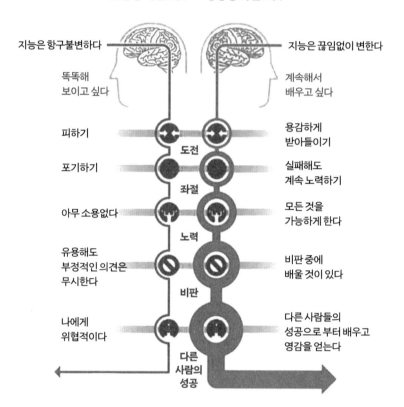

고정형 마인드셋　성장형 마인드셋

지능은 항구불변하다 — 지능은 끊임없이 변한다

똑똑해
보이고 싶다

계속해서
배우고 싶다

피하기 — 도전 — 용감하게
받아들이기

포기하기 — 좌절 — 실패해도
계속 노력하기

아무 소용없다 — 노력 — 모든 것을
가능하게 한다

유용해도
부정적인 의견은
무시한다 — 비판 — 비판 중에
배울 것이 있다

나에게
위협적이다 — 다른
사람의
성공 — 다른 사람들의
성공으로 부터 배우고
영감을 얻는다

그 결과, 그들의 삶은 자신의 잠재력을 깨닫지 못한 채 평탄한 직선 위에 머무를 수 있으며, 이것이 그들의 확정론적인 세계관을 구성한다.

그 결과, 그들은 계속해서 자신의 삶의 성공을 통제하고 자유 의지의 위대한 힘을 온전히 인식한다.

캐롤 드웩의『마인드셋』

곰곰이 생각해 보면 성장 마인드셋의 바탕에는 깊은 자기 안정감이 깔려 있음을 알 수 있다. 이 안정감은 '나는 어떤 사람인가'라는 정체성에서 비롯된 것이 아니라 '내 안에는 무한한 가능성이 있다'는 믿음에서 비롯된다. 이러한 안정감을 가진 사람은 특정한 자아 개념 self-concept을 고수하거나 보호하려 애쓸 필요가 없다. 그들은 자기중심적인 한계를 뛰어넘어 성장과 발전의 관점에서 문제를 바라본다. 이 관점에서 '자아'는 고정된 상태가 아니라, 현실 세계에서 세상 또는 타인과 상호작용하며 도전을 받아들임으로써 자신을 끊임없이 창조하고 형성해 나가는 과정이다. 성장의 관점에서 볼 때 자아는 현실의 도전에 대응하며 끊임없이 변화하는 과정에 있으나 이 도전의 이면에는 우리를 정체시키고 스스로 갇히게 만드는 좌절의 과정도 있다.

언젠가 독자들에게 두 가지 질문을 건넨 적이 있다. 지금 이 책을 펼쳐든 여러분에게도 그 질문을 조심스레 되묻고 싶다.

"당신이 할 수 없다고 생각한 일을 마침내 해낸 적이 있는가?"

"3년 전의 당신과 비교했을 때, 가장 큰 성장은 무엇이라고 생각하는가?"

그때 참 많은 사람이 자신의 진심을 담아 사연을 보내왔다.

1년 차 기업자원관리 컨설턴트로 일할 때였습니다. 업무도 아직 서

틀렸던 터라, 논리적으로 문제를 추론하는 능력에도 한계가 있었습니다. 운이 좋았던 건지, 나빴던 건지 알 수는 없지만, 그 시기에는 유난히 성가신 문제들을 연달아 마주하게 되었습니다. 일은 많은데 어떻게든 반드시 해결해야 했기 때문에 1년 동안 저는 스스로를 부정하면서도 '신입이니까 열심히 해야 해!'라고 힘을 내며 버텼습니다. 밤 10시까지 정신없이 이어지는 야근을 끝마치고 나면 퇴근 후 집에 돌아가서 사무치는 서러움에 울다 잠드는 날이 많았습니다.

그래도 2년 차에는 조금 서툴긴 해도 기본적으로 순조롭게 문제를 처리할 수 있었습니다. 1년 반쯤 지났을 때, 노력의 결과인지 저는 제 기본기와 업무 처리 능력이 주변의 선배 컨설턴트들보다 더 낫다는 사실을 깨달았습니다.

지금은 기업자원관리 업무를 하지 않지만, 그 시절에 길러진 자신감과 문제 해결 능력, 그리고 일에 접근하는 방법론은 평생 제게 큰 자산이 될 것입니다. 당시 암울했던 첫해를 되돌아보면 제가 정말 그렇게 형편없는 사람이 아니었음을 깨닫게 됩니다.

대학원 3학년 때, 지도교수님께서 피인용지수Citation Index가 높은 국제학술지에 투고할 만한 영어 논문을 제출하라고 하셨습니다. 저는 경험도 전무했고 학술적 역량도, 투자할 시간도 부족하다고 생각했기 때문에 이 일을 해낼 수 없을 거라 생각했습니다. 하지만 교수님의 요구를 거절하기 어려운 데다 영어 논문을 써 보는 것도 좋은 경험이라는 생각에 바로 시작했습니다.

이런 마음가짐으로 저는 결과에 큰 부담을 느끼지 않고 그저 다른 친구들보다 더 많은 시간을 들여 차근차근 진행했습니다. 그 과정에서 우여곡절이 있었고, 거기에 졸업 논문과 취업 준비의 압박까지 더해져 정말 힘들었습니다. 그렇게 열심히 노력했는데도, 혹시 아무런 성과 없이 끝나버릴지도 모른다는 생각이 들 때면 마음이 무겁고 서글퍼지기도 했습니다. 하지만 다시 생각해 보면 이 일을 하지 않으면 안 될 것 같았고 아직 희망이 있다는 생각이 들었습니다. 이미 시작한 일이니 다른 생각은 하지 말고 최선을 다해 보자고 마음먹었습니다.

세 번의 수정 끝에 마침내 논문이 통과되었습니다. 그동안 저는 취업 준비도 하고 인턴십도 하면서 졸업 논문도 완성했습니다. 어떤 일도 소홀히 하지 않았습니다. 만약 처음부터 이렇게 하지 않았다면 시간은 그냥 그렇게 흘러갔을지도 모릅니다. 하지만 논문을 쓰면서 시간 관리 능력과 불안에 대처하는 능력을 키울 수 있었습니다. 지금 돌아보면 역시 가치 있는 결정을 했다고 생각합니다.

3년 전만 해도 저는 다른 사람의 시선에 굉장히 신경 쓰는 아주 예민한 사람이었습니다. 다른 사람의 말 한마디, 행동 하나, 심지어 스치는 눈빛에도 오랫동안 감정과 마음을 쓰곤 했습니다. 이런 성격은 저에게 큰 고통을 안겨 주었습니다. 지난 3년 동안 저는 마음 챙김과 모리타 치료, 인지 행동 등 다양한 심리학 지식을 접하게 되었고 심리상담사의 도움을 받으며 조금씩 변화하기 시작했습니다. 지금의 저는 긍정적이고 용감하고 강인한 사람이 되었고, 자신의 장점과 단점을 잘 알게 되면서 이제는 자신을 더 잘 받아들이고 다른 사람의 시선을 과도하게 의식하지 않게 되었습니다. 이것이 제가 지난 3년 동안 이룬 가장 큰 성장입니다. 앞으로의 3년도 계속해서 발전하여 제 감정을 더 잘 이해하고 내면의 아이가 더 잘 자랄 수 있기를 바랍니다.

위 독자의 경험을 통해 우리는 자기 성장과 변화의 과정을 선명하게 볼 수 있다. 이러한 성장의 과정을 돌아보면, 인간의 능력이 끊임없이 성장하고 있음을 알 수 있고 새로운 도전에 직면했을 때 자신을 독려할 수 있다.

'지금 느끼는 이 불안도 예전과 다르지 않아. 그때도 못 해낼 거라 생각했지만 결국 해냈잖아.'

물론 이 과정은 결코 쉽지 않다. 새로운 자아로 성장하고 거듭나는 일은 언제나 낯설고 두렵다. 그렇다면 성장은 어떻게 이루어지는 것일까?

미시적인 관점에서 보면, 인간의 뇌는 수많은 뉴런으로 구성되어 있으며, 이 뉴런들의 연결 방식이 정보를 저장하고 처리하는 능력을 형성한다. 낯선 도전은 우리를 불안하게 만들지만 동시에 뇌를 자극하고 단련시킨다. 도전이 반복될수록 뇌는 점점 더 복잡한 네트워크를 형성하게 되고, 그에 따라 우리의 사고력과 문제 해결 능력, 나아가 인간으로서의 전체적인 역량도 꾸준히 성장하게 된다.

거시적 관점에서 보면, 인간의 능력은 환경과 상호작용하면서 성장한다. 상호작용이 많을수록 피드백을 받을 기회가 많아지고 그에 따라 능력의 성장 속도도 빨라진다. 이는 마치 린 스타트업$^{Lean\ Startup}$ 방식과 유사하다. 창업자는 자신이 가진 아이디어를 빠르게 최소요건제품(시제품)으로 만들어 시장의 반응을 살피고, 여기서 얻은 검증과 피드백을 제품 개선에 반영해야만 점점 나아질 수 있다. 만약 창업자가 고정 마인드셋에 빠져 시장의 비판을 두려워하고 계속해서 아이디어 단계에만 머물러 있다면, 유익한 피드백의 기회를 놓치고 말 것이다. 실제로 행동의 영역에 들어가야만 우리는 실질적인 경험을 축적할 수 있고 인간의 능력도 끊임없이 성장할 수 있다. 이러한 성장주기에 들어가려면 다음의 네 가지를 실천해야 한다.

· 현실 세계로 들어가기
· 자신을 감싸고 있는 껍데기 깨기
· 관계 너머의 내용 파악하기
· '무엇'이 아니라 '어떻게' 생각하기

답은 머릿속이 아니라 현실 세계에 있다

우리의 머릿속 세계와 현실 세계 사이에는 종종 큰 격차가 존재한다. 그렇기 때문에 우리는 실천을 통해 그 간극을 하나씩 메워가야 한다. 또한 생각과 행동 사이에도 적잖은 거리가 있어, 지금 이 단순한 진리를 실제 삶에 적용하는 일조차 종종 방해를 받는다. 때때로 생각은 현실에서 마주하는 고통이나 기쁨을 회피하기 위한 도구가 되기도 한다.

나 역시 한동안 심리 상담 분야에서 정체기를 겪으며 이 사실을 깊이 체감한 적이 있다. 특히 상담이 지나치게 평면적으로 흘러가 내담자의 더 깊은 감정과 경험을 이끌어내기 어려웠다. 그 답답함 속에서, 결국 도움을 구하고자 스승인 교수님을 찾아갔다.

"최근에 꾸준히 책도 읽고 메모도 하면서 상담의 사고 흐름을 좀 더 명확하게 하려고 노력하는데, 효과가 별로 없는 것 같아요."

그러자 교수님은 의외의 대답을 하셨다.

"아마도 그것이 바로 자네의 문제일 거야. 자네는 항상 자신의 생각만으로 답을 찾으려고 하는데 사실 답은 자네 머릿속에 있지 않아."

그 순간, '내 머릿속에 답이 없다면?'이라는 교수님의 말씀이 계속 머릿속을 맴돌았다. 곰곰이 곱씹다 보니, 어쩌면 답은 '관계' 속에 있을지도 모른다는 생각이 들었다. 내가 공부해 온 상담 이론 역시 인간관계의 중요성을 강조하는 학파였기에, 교수님이 하신 말씀은 결국 사람과 사람 사이, 그 관계 안에 진짜 답이 있다는 뜻이었으리라.

사실 나 역시 관계가 인간에게 얼마나 큰 영향을 미치는지를 굳게 믿고 있었고, 실제로 그런 경험도 여러 차례 했다. 혼자 있을 때는 '나는 쓸모없고 별로인 사람이 아닐까?' 하는 부정적인 생각에 사로잡히곤 했지만, 막상 누군가와 교류하고 나면 머릿속에 기발한 아이디어들이 떠오르고, 오히려 긍정적인 에너지가 솟아나곤 했다.

답이 관계에 있다면 사람들과 더 많은 대화를 나누어야 한다고 생각했다. 그래서 그 시기에는 정말 많은 사람을 만나 대화를 나눴고, 실제로 그들의 경험과 관계에서 많은 영감을 얻었다. 또 이미 답이 내 머릿속에 없다는 걸 알았으니 굳이 추측할 필요도 없었다. 그래서 그 시기에 한 가지 더 배운 게 있다. 예전에는 내담자가 나를 혼란스럽게 하는 반응을 보이면 늘 그 뜻을 추측하려 들었다. 하지만 그런 추측은 어디까지나 검증되지 않은, 불완전한 해석일 뿐이었다. 이제는 이해되지 않는 부분이 있으면 내담자에게 직접 물어본다. 어쩌면 덜 똑똑하거나, 덜 전문적으로 보일지도 모르지만, 그렇게 솔직하게 물어보면 오히려 예상치 못한, 뜻밖의 답변을 듣게 되는 일이 많았다.

나중에 다시 교수님을 뵈었을 때, 나는 '답이 내 머릿속에 없다'는 말에 대해 나름대로 이해한 바를 조심스럽게 말씀드렸다. 그러자 교수님께서 웃으시며 이렇게 말씀하셨다.

"답이 머릿속에 없다는 걸 알면서 이 말이 무슨 뜻인지 왜 나에게 직접 물어보지 않았는가? 자네는 여전히 머릿속에서 답을 찾는 데 익숙하구먼."

"관계 속에 답이 있다는 뜻 아닌가요?"

"일부는 맞지만, 그게 전부는 아니네. 왜 내가 상담 수준을 높이는 방법에 대한 답을 머릿속에서 찾을 수 없다고 한 줄 아는가? 심리 상담은 꾸준한 연습을 통해 익혀야 하는 기술이야. 상황에 빠르게 반응할 수 있어야 하므로, 단순히 머릿속으로만 생각해서는 부족해. 이를 위해서는 의도적인 연습이 꼭 필요하지. 생각은 연습의 방향을 제시할 수는 있지만 연습 자체를 대신할 수는 없거든. 방향성 있는 연습과 피드백을 통해서만 생각이 깊어지고 기술도 성숙해질 수 있는 것이라네. 그런 면에서 자네는 생각은 너무 많은데 연습이 적은 편이라고 할 수 있지."

그랬다. 교수님 말씀처럼 나는 꾸준히 연습하기보다는 여전히 비교적 쉬운 답을 찾으려 했던 것이다. 하지만 다행히도 내 생각이 완전히 빗나가지는 않았다. 다른 사람과의 관계를 맺든, 의도적인 연습을 하든, 결국 본질은 외부 세계와의 상호작용에 있기 때문이다.

우리가 타인의 의견을 묻기 어렵거나 연습에 집중하기를 꺼리는 이유는, 그러한 상호작용이 낯선 외부 세계와 우리를 마주하게 만들기 때문이다. 반면, 머릿속에서 혼자 답을 찾는 일은 훨씬 더 쉽고 편안하게 느껴진다. 그래서 행동에 옮기기 전에 '조금만 더 생각하자'며 스스로를 설득하곤 한다.

갑자기 떠오르는 재미있는 이야기가 하나 있다.

어느 날, 한 술주정뱅이가 가로등 아래를 빙빙 돌며 무언가를 찾고 있었다. 이를 본 한 친절한 사람이 다가가서 물었다.

"무엇을 잃어버리셨어요?"

술주정뱅이는 열쇠를 잃어버렸다고 답했다. 그러자 그 친절한 사람은 함께 열쇠를 찾아주기 시작했다. 하지만 한참을 뒤져도 열쇠는 보이지 않았다. 결국 그는 다시 물었다.

"도대체 열쇠를 어디서 잃어버린 거예요?"

술주정뱅이는 옆에 있는 어두운 공원을 가리키며 대답했다.

"저기서요."

깜짝 놀란 친절한 사람이 물었다.

"그런데 왜 여기서 찾고 계세요?"

그러자 술주정뱅이는 웃으며 말했다.

"이쪽이 더 밝잖아요!"

이 일화는 우리의 사고방식을 잘 보여 준다. 우리는 종종 '더 밝은 곳', 즉 익숙하고 편한 머릿속에서 답을 찾으려 한다. 그러나 그곳이 진짜 답이 있는 자리일지는 아무도 모른다. 우리는 마치 언제나 스스로 정답을 알고 있다고 착각하지만, 사실은 단지 그 방식이 더 익숙하고 덜 두려울 뿐이다. 그런 의미에서 '지혜'란 단순히 사고의 산물이 아니다. 그것은 오랜 시간에 걸친 기술과 실천의 결과이며, 탁월한 아이디어로 드러나더라도 그 뿌리는 '생각'이 아니다.

영국 유학 기회를 얻게 된 여학생 C는 처음엔 영어도 서툴고 혼자 살아본 적도 없어 많은 고민에 빠졌다. 하지만 결국 마음을 바꾸고 비행기에 올랐다. 도착 후 낯선 환경 속에서 어려움을 겪었지만, 실수를 감수하며 조금씩 적응해 나갔다. 그녀는 그 시간을 떠올리며 이렇게 말했다.

"비행기에 올라탄 그 순간부터 진짜 어른이 되기 시작한 것 같아요."

이는 심리적 안전지대를 벗어나는 가장 단순하지만 강력한 경험이다. 그러나 그 안에 있는 사람에게는 익숙한 피난처를 떠나 현실 세계로 나아가는 일이 여전히 두렵고 낯설게 느껴진다.

그녀는 나중에 자신의 경험을 나누며 자주 이런 말을 하곤 했다.

"어떤 일들은 생각만으로는 이해할 수 없어요. 직접 그 안에 들어가 겪어 봐야 내가 얼마나 잘 적응할 수 있는지 알게 되죠."

물론 말처럼 쉬운 일은 아니다. 머릿속에 뚜렷한 답이 없는 상태에서 고통스러운 경험을 마주하고 기록하는 일은 누구에게나 어려운 일이다. 그래서 많은 사람은 오히려 머릿속에서만 끊임없이 생각하고 상상하며 현실의 행동을 미룬다. 그러나 아이러니하게도, 그렇게 상상 속에 머물러 있는 일이 실제 행동보다 더 큰 고통을 초래하기도 한다. 마치 정신분석 이론에서 말하듯, 신경증의 본질은 현실에서 '행동하지 못하는 어려움'을 피하기 위해, 머릿속에서 '생각하는 고통'에 갇히는 데 있는 것이다.

"이직을 해야 할까요?"

"퇴사하고 창업해 보면 어떨까요?"

"아예 다른 나라나 도시에 가서 새롭게 시작하는 건 어떨까요?"

"심리상담사로 진로를 바꿔야 할지 고민이에요."

많은 사람이 나를 찾아와 이런저런 고민을 쏟아낸다. 그럴 때마다 나는 늘 같은 대답을 건넨다.

"생각하지 마세요. 답은 당신의 머릿속에 없어요. 앞으로 어떤 일이 벌어질지는 아무도 알 수 없어요. 이건 마치 신비롭고 어두운 숲을 마주하는 것과 같아요. 누군가는 그 안에 보물이 있다고 하고, 또 누군가는 괴물이 있다고 말하죠. 당신이 할 수 있는 유일한 일은, 무기와 식량이 준비되어 있는지 점검하고, 그 숲 안으로 들어갈지 말지를 결정하는 것뿐이에요."

그러면 그들은 다시 묻는다.

"행동해야 한다는 건 알지만, 제 능력이 부족하면 어떻게 하죠?"

"맞아요. 지금은 충분하지 않을 거예요. 왜냐하면 당신의 능력은 이 도전 안에서 점점 자라나게 되어 있거든요. 아직 시작하지 않았으니 당연히 부족하죠. 하지만 능력은 어떤 일을 할지 말지를 결정하는 기준이 될 수 없어요. 충분해질 때까지 기다렸다가 시작하는 게 아니라, 시작함으로써 능력을 키워야 해요."

그러면 어김없이 비슷한 대답이 돌아온다.

"선생님 말씀이 백 번 맞아요. 그래도 저는… 두려워요."

"세상에는 대부분의 일에 대한 해결책이 있지만, '두려움' 자체를 없앨 수 있는 해결책은 없어요. 어쩌면 두려움의 유일한 해결책은 '두려워하지 않는 것'일지 몰라요. 만약 누군가 나에게 '정말 두려워하지 않는 게 해결책인가요?'라고 묻는다면, 나는 오히려 '두려워하는 게 뭐가 문제죠?'라고 되물을 거예요. 사람들은 습관처럼 이렇게 말하곤 하죠."

"○○하고 싶은데 두려워요."

이 말 속에는 이미 '두려움'을 선택의 기준으로 삼고 있다는 무의식적인 전제가 숨어 있다. 그러나 정작 우리는 그 사실을 깨닫지 못한다. 왜 반대로는 말하지 않을까? "두렵지만 해 보고 싶어요."라고는 말하지 않을까? 정말 하고 싶은 일이 있다면, 두려움을 품은 채로라도 시작해 보자. 그것이야말로 진짜로 무언가를 해내는 방법이다. 그렇지 않으면 우리는 머릿속에서만 끝없이 고민하다가, 결국 아무것도 경험하지 못하고 어떤 답도 찾지 못한 채 머물게 될 것이다.

결국 우리는 알고 있다. 답은 우리의 머릿속에 없다는 것을.

자신을 감싼 껍데기 깨기

우리 모두에게는 미묘한 자기 보호 본능이 있다. 때로는 그것이 자신에 대한 어떤 견해로 나타나기도 하고, 때로는 단순한 핑계나 이유로 드러나기도 한다. 그런데 이 본능이 습관처럼 굳어지면, 결국 우리의 행동 전반에 영향을 미치게 된다.

오래전에 읽었던 한 심리학 실험이 생각난다. 스탠퍼드대학교의 심리학자 클로드 스틸Claude Steele은 우리의 고정관념과 편견이 미치는 영향을 연구하기 위해 실험을 진행했다. 그는 실력이 비슷한 남녀를 모집해 매우 어려운 수학 시험을 보게 했다. 그 결과 여성이 남성보다 성적이 좋지 않다는 사실을 발견했고, 이는 여성이 남성보다 수리 능력이 떨어진다는 사회적으로 존재하는 고정관념과 일치했다.

이와 같은 고정관념을 없애기 위해 시험 전 연구진은 '이번 시험은 성별에 따른 능력을 평가하는 것이 아니며 성별과 아무런 관련이 없다'라고 언질을 주었다. 그런 다음 동일한 난이도의 수학 시험을 다시 보게 했다. 시험 결과는 놀라웠다. 말 한마디로 남녀 간의 수리 능력 차이가 신기하게 사라져 버렸다.

어떻게 단순한 말 한마디가 그들의 믿음에 영향을 미친 걸까? 또 이 믿음은 어떻게 성과에 영향을 미친 걸까? 이 실험에서 가장 흥미로운 점은 결과에 대한 설명이었다. 많은 어려운 일을 할 때와 마찬가지로 우리는 수학 문제를 푸는 동안 많은 좌절감을 경험하게 된다. 이때 좌절감을 참으며 계속해서 답을 찾으려 할 수도 있고, 아니면 좌절감을 피하려 할 수도 있다. 어려움을 견딜 것인지, 포기할 것인지를 결정하는 그 미묘한 순간에 머릿속에 존재하는 그 믿음이 결정적인 역할을 한다. "나는 여자니까 잘 못할 거야."라는 고정관념은 사람들이 좌절감을 피하려는 이유가 되기도 한다. 우리는 이런 생각을 편견이라고 알고 있고 거부하고 싶어 하지만, 실제로는 무의식적으로 그 고정관념에 기대어 행동하고 있는 경우가 많다.

사실 이 문제는 고정관념에 국한되지 않는다. 우리는 스트레스를 받는 거의 모든 상황에서 비슷한 방식으로 반응한다. 때로는 의식적으로 그 이유를 조정하거나 바꾸려 하기도 하지만, 많은 경우 그저 좌절감을 피하기 위한 일종의 '껍데기'처럼 작동할 뿐이다. 정작 자신도 그 사실을 알아차리지 못한 채 말이다.

어느 날, 한 가족을 상담차 방문한 적이 있었다. 가족 구성원이 많았고, 모두가 끊임없이 이야기를 나누고 있어서 나는 뚜렷한 생각의 흐름을 잡기 어려웠다. 이 문제로 인해 나는 교수님께 도움을 요청했다. 교수님은 자료를 검토한 뒤 이렇게 말씀하셨다.

"자네는 항상 그들의 말을 듣지 않고, 자네가 하고 싶은 말만 하는 경향이 있네. 그래서 자네 반응이 제멋대로 나오고 대화가 산만해지는 것일세."

그 피드백은 소그룹 안에서 이루어졌는데, 교수님의 말투는 매우 단호했다. 그래서 나는 꽤 큰 스트레스를 느꼈다. 하지만 교수님이 내가 어떤 이유를 대거나 변명하기를 원하지 않으신다는 것을 잘 알고 있었기에, 나 역시 이유를 찾지 않기로 마음먹었다.

곰곰이 생각한 끝에 나는 조심스레 말했다.

"네, 그들이 말을 너무 많이 해서 저도 모르게 휘말리고 말았네요."

그때 교수님께서는 한층 더 진지한 어조로 말씀하셨다.

"조심해야 하네. 내가 말하는 건 그 가정에 관한 이야기가 아니라 자네 자신에 관한 것일세. 자네가 그렇게 말하는 건 마치 이 가정 때문에 자신이 듣지 못한 것처럼 보이지만, 사실은 그렇지 않아. 다른 사람의 말을 잘 듣지 못하는 건 이 상황에만 해당되는 문제가 아니야. 이미 다른 상황에서도 같은 패턴이 반복되고 있어. 이건 그냥 자네의 습관이고, 이 가정과는 무관한 것일세. 이러한 패턴을 바꾸지 않으면 앞으로 더 크게 성장하기 어려울 수도 있네."

그 순간 나는, 또다시 무의식적으로 스스로를 변명하려 했다는 사실을 깨달았다. 동시에 왜 그랬는지도 알게 되었다. 내 문제를 정면으로 마주하는 데서 오는 좌절감이 너무도 고통스러웠기 때문에, 어떻게든 그 고통을 피하고 싶었던 것이다.

오랜 시간이 지나면서 나는 '이유'를 찾지 않는 법을 천천히 배웠다. 이제는 자신을 내려놓고, 그 말이 공정한 평가인지 아닌지를 따지기보다는 그 말 속에 담긴 생각의 흐름을 바라볼 수 있게 되었다. 그렇게 그것을 '평가'가 아닌 '피드백'으로 순수하게 받아들이자, 좌절감에서 벗어나고 성장의 즐거움과 자유를 온전히 느낄 수 있었다.

위로가 아닌 변화를 생각하라

고정 마인드셋과 성장 마인드셋은 사고방식도, 지향점도 다르다. 예를 들어, 당신이 회사에서 승진 면접을 본다고 해 보자. 지난 1년간 성과도 좋았고, 성실함도 인정받아 면접 기회를 얻었다. 동료들도 당신의 역량을 인정했고, 스스로도 이번엔 승진할 수 있으리라 기대했다. 면접에서도 큰 실수 없이 무난히 마쳤고, 면접관도 대체로 긍정적인 반응을 보였다. 하지만 결과는 탈락이었다. 당신은 실망감에 빠졌다.

이제, 당신은 이 상황을 어떻게 받아들일 것인가?

A: 나는 정말 잘했는데, 승진에서 제외되다니 참 의외군.

B: 역시 나는 아직 멀었어. 탈락하는 게 당연해. 내가 너무 과대 평가했어.

C: 이 면접은 매우 불공평해. 면접관이 나에 대해 편견을 가졌거나, 뭔가 내막이 있을 거야.

D: 이번 승진 기회는 정말 중요했는데, 이렇게 중요한 기회를 놓쳐 버리다니. 아쉽지만 앞으로 기회가 또 있을 거야.

E: 솔직히 말해서 이번 승진은 그다지 중요하지 않아. 일도 그렇게 중요하지 않고.

F: 인생이 원래 다 그런 거지. 항상 순탄할 수만은 없어.

당신은 A~F 중에서 어떤 선택을 할 것인가? 여섯 가지 예시는 좌절과 실망에 대처하는 여섯 가지 방식을 보여 준다. 이 중에서 A는 승진 실패의 원인을 뜻밖의 사건으로 돌렸고, B는 자신의 능력 부족으로 돌렸다. C는 면접관의 부당함으로, D와 E, F는 자신에게 위로가 되는 각각의 다른 이유를 찾았다.

여기에는 한 가지 공통점이 있다. 바로 사건에 대해 자기만의 '해석'을 하고 있다는 점이다. '그다음에는 어떻게 해야 하지?'라고 묻는 사람은 거의 없다. 이 질문이야말로 이 문제를 어떻게 처리할 것인지와 관련이 있다.

위의 예시를 우리가 겪었던 좌절의 경험에 대입해 본다면 많이 힘들고 지칠 수 있는 상황이기에 감정을 처리할 시간과 공간이 필요하다. 상황에 대한 해석도 어떻게 보면 처리 방식의 하나이지만 그건 사건 자체가 아닌 감정을 처리하는 것이다. 해석은 감정을 안정시킬 수 있는 공간을 마련해 준다. 해석하고 나면 어떤 사람들은 다시 마음을 다잡고 앞으로 어떻게 해야 할지를 생각하기도 하지만, 다른 사람들은 그 선에 머물며 해석을 자신이나 사건에 대한 뿌리 깊은 판단으로 만들어 처리를 위한 단계로 나아가지 못한다. 이것은 또 다른 형태의 자기중심주의다.

해석은 사건이 '무엇인지'에 초점을 두는 반면, 처리는 그 사건을 '어떻게 다룰 것인가'에 초점을 맞춘다. 해석은 단지 머릿속에서 일어나지만, 처리는 현실 속에서 이루어진다. 때로는 너무 많은 해석으로 인해 오히려 사건이 그럴 만한 이유가 있다고 강조함으로써 그것이 바뀔 수 없고, 바뀌지 않을 것을 암시하기도 한다. 이때 해석은 처리를 방해하는 요소로 작용한다. 이런 관점에서 해석은 인간이 가진 가장 큰 심리적 안전지대다. 우리는 이성적인 존재이기에 변화가 왜 어려운지를 자기 자신에게 설명하며, 변화의 책임을 회피하기 쉬운 존재이기도 하다.

변화에 대한 책임은 어떻게 질 수 있을까? 무엇보다 이 일이 '나'와 관련이 있다는 사실을 인식하는 것이 중요하다.

성장 마인드셋에 대해 이야기할 때, 우리는 항상 여러 형태의 자기중심주의를 극복해야 하고 모든 일을 '나와 관련된 일'로 여기지 말아야 한다고 말한다. 하지만 실전에서는 많은 일을 '나와 관련된 일'로 여겨야 한다. 그럼 이것은 모순이 아닌가?

전혀 그렇지 않다. 모든 일을 '나와 관련된 일'로 만들지 말라고 하는 것은 모든 일을 자신에 대한 개인적인 평가로 받아들이지 말라는 것을 의미한다. 반면, 어떤 일들은 '나와 관련된 일'이어야 한다고 말할 때는 우리가 변화의 주체임을 인식해야만 그 역할을 해낼 수 있고 우리 안에서 변화가 일어난다는 것을 재차 강조하는 것이다.

'나와 관련이 있다'는 인식은 실질적인 행동으로 나아가는 출발점이다. 어떤 일이 '나와 관련이 있다'는 자각이 없다면, 그 일에 직접 뛰어들어 변화를 만들어 내는 것은 쉽지 않다. 그러나 이 인식은 양날의 검이기도 하다. 무언가가 '나와 관련이 있다'고 느끼는 순간, 우리는 종종 '그렇다면 이건 내 잘못인가?'라는 생각에 빠지기 쉽다. 그 결과, 이는 옳고 그름의 문제가 아니라 해결책을 찾기 위한 사고의 출발점이라는 사실을 잊게 된다.

하지만 바로 그것이 '나와 관련이 있기' 때문에, 오히려 '나'에게 그것을 바꿀 수 있는 기회가 주어지는 것이다.

얼마 전, 한 기업의 요청으로 '변화'를 주제로 한 워크숍을 진행했다. 이 워크숍은 변화의 목표를 설정한 후, 그 변화를 가로막는 저항 요소를 인식하고 돌파하는 방법을 찾아가는 과정이었다. 궁극적으로는 변화를 방해하는 심리적 오류를 발견하도록 돕기 위한 목적이었다. 한 남성이 자신의 사례를 공유했다. 그는 "제 목표는 일을 더 꼼꼼하고, 더 철저하게 하는 것입니다."라고 말했다. 하지만 그러한 목표의 달성을 방해하는 것이 무엇인지 이야기할 때는 자신에 대해 이야기하지 않고 '팀원들이 모두 신입이라 경험이 부족하기 때문'이라고 말했다.

의아한 나는 그에게 질문했다.

"그럼 다른 방법을 생각해 보신 적 있나요?"

"생각해 봤죠. 다른 부서에서 급하게 인원을 충원했어요. 그런데 그들은 도와주는 처지여서 일을 꼼꼼하게 하지 않아도 더는 강하게 요구할 수가 없더라고요."

이후에도 그는 일이 진행되기 어려운 이유를 여러 가지로 설명했다. 그 설명은 곧, 그가 왜 변화할 수 없는지를 말해 주는 듯했다. 그리고 그는 내게 조심스럽게 물었다.

나는 잠시 고민한 뒤 이렇게 말했다.

"말씀하신 어려움들이 매우 객관적이라는 건 저도 잘 압니다. 그래서인지, 저 역시 뾰족한 해결책을 바로 제시하긴 어렵네요. 하지만 당신의 이야기를 들으며 가장 먼저 든 생각은 '어떻게 해야 하지?'가 아니라, 이렇게 어려운 상황 속에서도 지금의 업무 기준을 지켜 내고 있는 당신이 정말 대단하다는 것이었어요."

모두가 웃었다. 그도 웃으며 말했다.

"저도 진심으로 방법을 찾고 싶어요. 그런데 아무리 생각해 봐도 좋은 방법이 없는 것 같아요."

그의 말에 어딘가 모르게 미안한 마음이 들었다. 사람들이 웃었을 때, 혹시 내가 그를 비꼬는 것처럼 보였을지도 모른다. 하지만 결코 그런 의도는 아니었다. 힘든 상황에서도 기준을 지켜내고 있는 그가 정말 대단하다고 느낀 건, 어디까지나 내 진심이었다. 다만 그 자리는 '변화'를 배우기 위한 워크숍이었고, 그가 들려준 이야기는 변화에 대한 고민이 아닌, 변화가 어려운 이유에 대한 설명이었다. 그래서 사람들이 그의 말에 공감보다는 웃음을 터뜨렸던 것이다. 심지어 그가 업무의 어려움을 이야기한 의도도, 변화의 가능성을 찾기 위함이 아니라, '이런 상황까지 다 고려해 봤지만, 결국 방법이 없었다'는 점을 강조하고 싶었던 것이다.

그 일을 통해 나는 한 가지 중요한 사실을 깨달았다. '해석'은 주로 위로를 구할 때 작동하며, 진짜 변화를 위해 필요한 것은 '문제를 해결하려는 태도'라는 점이다.

상담사로서 나는 '변화를 추구하는 것'과 '위로를 구하는 것' 중 어느 하나가 더 낫다고 말할 수 없다고 생각한다. 만약 정말로 상황을 바꿀 수 없다면, 그 안에서 위로나 공감을 얻는 것만으로도 충분히 의미 있는 일이니까. 하지만 나는 또한 알고 있다. 우리가 어떤 말을 선택해 생각하느냐에 따라, 우리가 얻게 되는 반응이 달라진다는 것을. 만약 이 남성의 진짜 목표가 '변화'였다면, 그가 사용한 말은 오히려 그 가능성을 제한했을지도 모른다.

'위로를 구하는 말'과 '변화를 추구하는 말' 사이에는 분명한 차이가 있다. 위로를 구하는 말은 변화가 어려운 이유를 더 길고 자세하게 설명한다. 주로 어려움과 한계를 강조하며, 자신이 이미 최선을 다했다는 점을 부각시킨다. 반면, 변화를 추구하는 말은 문제의 원인을 따지는 데서 멈추지 않고, 해결의 실마리를 찾는 데 집중한다. 어려움을 인정하되, 그 안에서 가능한 선택지를 모색한다.

이 두 가지 말의 가장 근본적인 차이는 여기에 있다. 변화를 추구하는 말은 옳고 그름의 프레임에 갇히지 않고, 문제를 '나와 관련된 일'로 바라보려는 태도를 갖는다.

그렇다면 어떻게 '나와 관련된 일'로 여길 수 있을까? 사실 '나와 관련된 일'이라는 의미는 이 문제의 원인이 나에게 있다는 것이 아니라, 문제의 원인이 무엇이든 간에 문제는 결국 내가 해결해야 한다는 것이다. 내가 해결해야 하므로 '나와 관련이 있다'는 것이다. 예를 들어, 위 사례자도 '내가 도움을 요청할 수 있는 다른 방법은 없을까?', '어떤 지원을 늘리면 그들에게 당당하게 요구할 수 있을까?', '사람들이 업무 기준에 대해 깊이 이해하고, 공감대를 형성하기 위해서 무엇을 할 수 있을까?'라고 생각해 볼 수 있다. 그래야만 새로운 가능성을 찾을 수 있다.

'무엇을 어떻게'에 초점을 둔다

우리는 머릿속에서 세상이 어떻게 흘러가야 하고, 인간관계를 어떻게 유지해야 하는지에 대해 수많은 '가정'을 하며 살아간다. 그리고 그 가정들은 대부분 이상적이다. 하지만 현실은 언제나 그 이상적인 가정과 꼭 들어맞지 않는다. 중요한 것은 그 가정이 옳으냐 그르냐가 아니다. 진짜 문제는, 우리가 세상과 우리의 이상적인 가정이 일치하지 않는다는 사실을 깨달았을 때, 과연 어떤 '반응'을 선택하느냐다.

한번은 연애 관련 프로그램에 출연한 적이 있었다. 그중 한 회차는 실연을 주제로 다뤘고, 많은 출연자들이 전 연인을 회상하며 과거의 관계에서 얻은 것과 잃은 것에 대해 이야기했다.

여성 출연자 D는 전 남자친구가 평소엔 다정하지만 성격이 좋지 않아 자주 심한 말싸움을 벌였고, 결국 폭력까지 이어져 경찰이 출동한 적도 있었다고 말했다. 그 일 이후 그녀는 마음의 응어리로 인해 다시 예전처럼 돌아갈 수 없었고, 결국 남자친구가 먼저 이별을 통보했다. 그는 그녀가 결정을 내리지 못하는 걸 알고 있었고, 오히려 그녀를 위해 결단을 내린 것이었다. 그녀도 그 이별에 은근한 고마움을 느꼈다고 했다.

이후 그녀는 곧 새로운 연인을 만났다.

"저에게는 그 사람을 잊는 데 두 가지가 필요했어요. 시간과 새 연인이었죠. 제가 진지한 관계를 새롭게 시작할 준비가 되었는지는 잘 모르겠어요. 아마도 저는 그저 새로운 연인을 통해 이 시간을 견디고, 그 사람 없는 삶에 익숙해지려고 했을지도 몰라요."

그러자, 당시 진행자가 나에게 이렇게 물었다.

"선생님, 새로운 사랑으로 과거의 사랑을 잊고 실연의 기간을 견디는 행동에 대해 어떻게 생각하세요?"

진행자의 의도는 충분히 이해할 수 있었다. 아마 내가 이런 행동은 좋은 방법이 아니라고 말하길 바랐을 것이다. 결코 새로운 사랑으로 과거의 상처를 치료해서는 안 된다고 말이다. 하지만 나는 그렇게 생각하지 않았다.

"저는 어떤 관계든 모두 나름의 특별한 시작이 있다고 생각해요. 실연 후 새로운 사람을 만나는 것도 분명한 시작입니다. 관계가 어떻게 시작됐는지가 그 관계의 지속 가능성을 결정하지는 않아요. 더 중요한 건, 두 사람이 이후에 서로의 감정을 어떻게 돌보고 발전시켜 나가느냐 하는 것이죠. 우리는 이미 수많은 사랑의 이야기를 알고 있잖아요. 처음엔 완벽하게 시작하지만 결국은 끝나버린 관계도 있고, 실연의 아픔을 지나 새로운 사랑을 만나 행복한 가정을 이루는 경우도 있죠."

진행자가 다시 물었다.

"그렇다면 선생님은 그런 관계에는 문제가 없다고 보시는 건가요?"

"그렇지도 않아요. 모든 관계마다 각자의 특별한 시작이 있듯이 두 사람이 마주하고 극복해야 할 어려움도 있어요. 이 관계의 어려움은 여자가 여전히 실연의 상처와 전 연인에 대한 미련에 빠져 있다는 점이고, 이 상처는 그녀가 지금의 연인을 바라보는 데 영향을 미쳐서 그를 그저 지나가는 사람으로 여길 수 있다는 것입니다. 만약 두 사람이 어려움을 극복하는 방법을 찾는다면 이 관계는 '시작은 힘들었지만 결말은 완벽한' 이야기로 변할 것이고, 전 연인은 하나의 에피소드에 불과할 겁니다. 그런데 만약 그 방법을 찾지 못한다면 두 사람 모두 불행해질 것이고, 어쩌면 헤어질지도 몰라요. 그러나 이런 어려움이 그 관계 자체가 나쁘다는 것을 의미하지는 않습니다."

나와 진행자가 지닌 생각의 차이는 '사랑은 어떠해야 하는가'와

'이런 상황에서 어떻게 대처해야 하는가'에 있다. 물론 후자가 해결책을 찾을 가능성이 더 크다.

방송이 끝난 뒤, 진행자는 나와 이 문제에 대해 더 이야기를 나눴다. 아마 내 생각이 일반적인 기준에서 벗어나 있다고 느꼈을 수도 있다. 어쩌면 좀 이상하다고 생각하면서도, 들을수록 일리가 있어 혼란스러웠던 것일지도 모른다.

관계를 판단하는 과정에서 관계 밖에 있는 사람들은 관계 안에 있는 사람들의 관점과 다를 수 있다. 우리가 관계 밖에 있으면 마음속으로 여러 도덕적 기준을 세우는데, 이는 관계에 대한 'Have to do(해야 할 것)'를 형성한다. 관계에서 멀어질수록 이러한 기준은 더욱 명확하고 확고해진다. 하지만 실제로 관계 안에 있으면 상황이 그렇게 간단하지 않다는 것을 알게 된다. 수많은 갈등에 직면해야 하고, 고통 속에서 자신의 생각을 정리하며 어려운 선택을 해야 한다. 이때 우리 마음속에 미리 세워둔 'Have to do'와 'Not to do(하지 말아야 할 것)'는 전혀 도움이 되지 않을 뿐만 아니라 오히려 서로의 관계를 대하는 데 방해가 될 때도 있다.

가끔은 배우자의 외도로 깊은 상처를 입고 나를 찾아오는 사람들이 있다. 그들에게 이 상황이 얼마나 충격적일지, 감히 헤아리기조차 어렵다. 그중에는 이렇게 말하는 이도 있다.

"저는 언제나 사랑은 하얀 도화지처럼 깨끗해야 한다고 생각해 왔어요. 절대로 용납할 수 없어요. 그래서 혹시라도 그런 일이 생기면 바로 헤어지리라 생각했죠. 그런데 막상 현실로 닥치니 그 사람을 쉽게 놓을 수가 없어요. 그도 돌아오고 싶어 하고요. 하지만 제 마음속에서 그 일이 도저히 용서가 안 돼요. 그를 용서하자니 마치 제가 원칙 없는 사람처럼 느껴져서 스스로 너무 비참해지는 것 같아요."

기존에 마음속에 있던 '해야 할 것(Have to do)'이 오히려 관계를 가로막는 장애물이 되기도 한다. 그래서 나는 이렇게 말했다.

"당신이 어떤 선택을 하든 이해할 수 있어요. 재결합을 택한다고 해서 원칙 없는 사람은 아닙니다. 당신의 원칙은 억울함보다 관계를 더 소중히 여기는 데 있을 수 있어요."

물론 이런 말을 듣고 불편함을 느끼는 사람도 있을 것이다. 어떤 이는 '그런 사랑을 옹호하느냐'고 묻기도 한다. 하지만 나는 옳고 그름을 말하려는 것이 아니다. 단지 눈앞의 두 사람이 이 어려움을 함께 헤쳐나가길 바라는 마음뿐이다.

어른들의 사랑은 그 자체로도 충분히 어렵다. 이상을 논하기보다는, 지금 이 관계를 어떻게 이어갈 수 있을지를 함께 고민하는 것이 더 중요하다. 이상적인 'Have to do'보다 현실의 두 사람이 훨씬 중요하다. 이것이 바로 또 하나의 성장 마인드셋이다. 무엇을 해야 한다는 고정된 틀보다, 문제 앞에서 '어떻게 풀어나갈 것인가'에 집중하는 태도다.

가족 치료의 대가인 살바도르 미누친Salvador Minuchin에게 누군가 이런 질문을 한 적이 있다.

"평생 가족 치료를 해 오셨는데, 선생님이 생각하시는 이상적인 가족은 어떤 모습인가요?"

미누친은 이렇게 대답했다.

"이상적인 가족은 '회복'할 수 있는 가족입니다. 갈등 없는 가족은 없지만, 문제를 해결할 수 있다면 충분히 좋은 가족이죠."

그가 강조한 것은 문제가 있느냐 없느냐가 아니라, '그 문제를 어떻게 해결하느냐'에 초점을 두는 태도였다.

나무처럼 성장하는 사람

어느 날 토론 수업에서 학생 H가 나에게 질문했다.

"우리가 알고 있는 이야기와 다르게, 만약 토끼가 필사적으로 달린다면 거북이가 앞으로 나아갈 동기는 무엇인가요?"

나는 그 학생에게 부연 설명을 부탁했다.

"세상의 모든 분야에는 늘 우리보다 뛰어난 사람들이 존재하잖아요. 인생을 등산에 비유한다면, 우리는 평생을 다 바쳐도 어느 하나의 봉우리조차 넘지 못할 수 있어요. 그런데 어떤 이에게는 그 높은 에베레스트조차 가뿐하게 느껴질 수도 있죠. 이런 점에서 어떤 사람들은 경쟁에서 물러나기도 하고, 또 어떤 사람들은 끝없이 위를 향해 나아가기도 하죠. 그런데 만약 우리가 후자이고, 정상에 도달하지 못할 것을 안다고 해도, 계속 올라야 할 이유는 과연 무엇일까요?"

이 이야기를 인생에 비유하는 것은 특별한 의미를 지닌다. 긍정심리학자 조너선 하이트Jonathan Haidt에 따르면, 사람의 성격이 가진 핵심은 내향성 또는 외향성, 침착함 또는 조급함, 처녀자리 또는 염소자리같이 성격 검사로 측정할 수 있는 것이 아니다. 성격의 핵심은 사실 하나의 이야기다.

이 이야기는 우리 인생 전반에 대한 이해를 압축한 것으로, 각자에게 고유한 인생의 실마리가 된다. 대부분의 경우, 이 이야기에는 '성공'이나 '행복'과 같은 하나의 중심 목표가 설정되어 있다. 그리고 그 목표를 둘러싸고 전개되는 다양한 사건들이 바로 우리가 살아가며 겪는 인생의 여러 단계들이다. 존재의 의미는 흔히 이 인생 이야기를 어떻게 이해하느냐에 따라 달라진다. 다시 말해, 우리의 인생은 이러한 독특한 이야기를 스스로 완성해 나가는 과정이라 할 수 있다. 다만 이야기가 시작되었다고 해서 그 전개 방향을 우리가 미리 알 수 있는 것은 아니다. 우리는 관객이자 동시에 시나리오 작가로서, 인생을 직접 경험하는 한편, 그 과정 속에서 이야기의 줄거리를 끊임없이 수정해 나간다.

우리가 어떤 이야기를 인생의 모델로 받아들일 때, 우리는 그 이야기 뒤에 숨겨진 가정도 함께 받아들인다. 이 가정은 이야기의 숨겨진 대사처럼 당연시되므로 그것을 인식하거나 의문을 제기하는 사람은 거의 없다. 우리가 거북이와 토끼의 경주로 인생을 비유할 때, 이 비유 또한 우리 인생에 대한 몇 가지 신념을 내포하고 있다.

1. 인생은 경주다. (정말 그런가?)
2. 남들과 같이 경주하다 보면 결승점에는 승자와 패자가 있기 마련이다. (정말 그런가?)
3. 빨리 달리거나 천천히 달리는 것은 정해진 능력이다. 천천히 달리면 계속 천천히 달릴 것이다. (정말 그런가?)
4. 이미 천천히 달리고 있다면 필사적으로 달리는 수밖에 없다. 그래야 성공할 수 있다. (정말 그런가?)

이러한 암묵적 신념이 구현하는 것이 바로 고정 마인드셋의 특징이다. 우리보다 강하고 나은 가상의 '불가피한' 인물을 비교 기준으로 삼아서 우리의 성장과 발전의 의미를 희석하고 축소하는 것이다. 물론 이런 신념이 널리 퍼지게 된 책임을, 어린 시절 우리에게 이야기를 들려주었던 이들에게 돌릴 수는 없다. 이러한 신념은 걱정이 많은 부모와 실리를 추구하는 교육, 빠르게 돌아가는 현실적인 사회 문화가 복합적으로 만들어 낸 결과물이다.

하지만 성장 마인드셋은 인생을 설명하는 데 다른 은유적 이야기를 사용한다.

"선생님, 어떻게 하면 진정한 자아를 발견할 수 있나요?"

내가 자주 받는 질문 중 하나다.

이런 질문을 하는 사람들은 대개 자아를 이미 존재하는, 비교적 고정된 무엇이라고 가정한다. 즉, 자아는 어린 시절의 다양한 경험 속에서 형성되며, 이후의 경험은 이미 만들어진 자아를 단지 조금씩 수정하거나 보완하는 데 그친다고 생각하는 것이다.

성장 마인드셋 관점에서 나는 자아를 '강'에 비유하는 것을 좋아한다. 물론 강의 발원지도 중요하지만, 강의 최종 형태가 어떻게 될 지는 강이 바다로 흐르는 도중에 만나는 산이나 언덕, 사막 등의 장애물을 어떻게 타고 흐르는지, 어디로 방향을 바꾸는지에 따라 달라진다. 진정한 자아는 처음부터 존재하는 것이 아니라 환경과 상호작용하고 어려움에 대처하며 선택을 해나가는 과정에서 점차 형성된다.

만약 자아가 아직 형태가 없는 흐르는 강이라면 '자아를 발견한다'거나 '자아를 증명한다'는 것 역시 의미가 없다. 설령 우리가 어떤 일을 통해 자신을 증명할 수 있다고 해도 우리가 증명할 수 있는 것은 그저 특정 단계나 특정 상태의 자신일 뿐이기 때문이다. 이는 마치 강의 급류나 완류만 보고 강 전체를 판단할 수 없는 것과 같다.

내가 좋아하는 또 다른 '자아'에 대한 은유는 차이퉁_{柴嗣} 작가가 이야기한 내용이다. 그가 대기업을 그만두고 전업 작가가 되기로 결심했을 때, 자신은 '나무'가 되고 싶다고 글을 썼다.

나는 나무가 되고 싶다. [...] 나무가 된다는 것은 내가 항상 자라고 있다는 것을 의미한다. 아래로는 땅속 깊이 뿌리를 내리고, 위로는 하늘 높이 가지를 뻗는다. 나무가 된다는 것은 내가 멈추지 않고 살아가며, 끊임없이 성장하고 변화해 간다는 뜻이다. 내 나이 테가 점점 굵어지고, 오래된 가지와 잎 위에 새로운 가지와 잎이 자라난다. 줄기에 난 상처마저도 푸른 이끼로 덮인 채 항상 그 자리에 남아 오랜 흔적이 된다. 나무가 된다는 것은 내가 하나의 방향으로만 성장하지 않는다는 것을 의미한다. 내 뿌리와 가지는 사방으로 뻗어나가며, 어느 각도에서 보아도 생기 넘친다. 나무가 된다는 것은 내가 바스락거리고, 흔들리고 춤추며, 바람을 타고 노래를 부르지만, 뿌리는 여전히 그 자리에 있다. 이것은 순간의 기쁨에 초심을 잃지 않는다는 것을 의미한다. 나무가 된다는 것은 내가 다양한 생물과 친구가 될 수 있다는 것을 의미한다. 그들과 대화하고 공존하고 상호 보완하며, 나는 다른 사람의 생존 공간을 차지하지 않고 오히려 새와 다람쥐가 집을 짓도록 돕는다. [...] 나무는 언제나 다른 나무를 적이 아닌 친구로 여긴다. 나무가 많아지면 숲을 이루고, 함께 강풍을 막아 내며 동물들의 서식지를 마련하고 생태계를 구축한다. 이는 한 그루의 나무만으로는 이룰 수 없는 사명이다. 나무는 상생을 추구한다. 나무는 서로 경쟁하지 않고 언제나 묵묵히 서로에게 경의를 표한다. 서로 독립적이면서도 사명을 완수하기 위해 손을 맞잡는다.

이것은 내가 본 '성장형 자아'에 대한 가장 적절한 은유다. 만약 '나무'의 관점에서 앞서 그 학생이 던진 질문에 다시 답한다면, '나는 사람 사이의 관계는 단지 비교와 경쟁만 있는 것'이 아니라고 말할 것이다. 우리가 무언가를 이루려는 동기도 반드시 남보다 앞서기 위한 욕망에서만 비롯되는 것은 아니다. 우리 모두는 저마다 열심히 성장하며, 때로는 경쟁하면서도 서로를 지지하고 함께 어우러져 하나의 생태계를 이루기 위해 애쓴다. 우리는 가족이고, 친구이며, 동료이고, 이 사회를 함께 살아가는 시민이다. 어쩌면 우리 각자의 높이는 다를 수 있겠지만, 우리는 같은 땅 아래에서 뿌리로 서로 연결되어 있다.

만약 어떤 나무가 왜 계속 다른 나무보다 크게 자라냐고 묻는다면, 나는 이렇게 대답하리라.

"바보야, 나는 나무니까."

내면의 갈등을 다스리며
앞으로 나아가라

시간은 나에게 많은 변화를 가져다주었고 마치 거울처럼 과거를 되돌아보며 나의 성장을 볼 수 있게 해 주었다. 내가 자기계발의 발걸음을 멈추지 않았다는 것, 나 스스로 여전히 앞으로 나아가고 있다는 사실이 무척 기쁘다. 그래서인지 사람들의 자기계발에 대한 개인적인 경험을 더 잘 이해할 수 있게 되었다.

사회가 빠르게 변화하면서 이 글에 등장하는 학생들은 더욱 치열하게 '경쟁'하게 되었고, 현실에 대한 불안도 커졌다. 졸업 후 만난 한 여학생은 마치 내가 전에 상담했던 한 내담자처럼 매일 불안해하면서도 언젠가 여유로운 삶을 살고 싶다는 기대와 환상을 품고 있었다. 하지만 아이러니하게도, 실제로 거액의 보상금을 받고 퇴사한 이후에는 오히려 곧 시대에 뒤처질까 봐 더 큰 불안을 느끼기 시작했다. 나는 그녀의 불안이 외부 현실이 아닌, 초등학교 시절부터 치열한 경쟁 환경에 적응하며 형성된 사고방식에서 비롯된 것이라는 점을 이해시키려 노력했다. 그러나 그녀는 여전히 자신의 불안은 외부 조건에서 비롯된 것이라고 믿었다. 그녀는 "문제는 내가 아직 경제적 자유를 이루지 못했기 때문이에요. 만약 그랬다면 마음 편하게 여유로운 삶을 살 수 있었을 거예요"라고 말했다.

나는 오랫동안 이런 불안의 모습을 지켜봐 왔다. 그리고 이제는 그런 생각이 반드시 잘못된 것이라고만 여기지 않는다. 인생은 때때로 참 무기력하다. 가고 싶은 곳은 많지만, 실제로 손에 쥘 수 있는 표는 몇 장 안 되기 때문이다. 최선을 다하지 않으면 그곳에 갈 기회조차 얻지 못할 수도 있고, 그렇게 최선을 다하다 보면 어느 순간 그러한 사고방식이 자신의 일부가 되어 쉽게 벗어날 수 없게 되기도 한다.

예전의 나는, 이 악순환에서 벗어나는 길은 오직 성장 마인드셋을 유지하는 것뿐이라고 믿었던 것 같다. 그러나 지금은 어느 하나의 답에 매달리지 않는다. 시간이 흐르면서 내가 배운 것 중 하나는, 너무 빠르게 답을 내리면 정작 문제의 본질을 제대로 들여다보지 못하게 된다는 사실이다. 어쩌면 그것도 현실을 회피하는 또 다른 방식일 수 있다.

몇 년 전과 비교해 보면, 성장 마인드셋에 대한 나의 이해는 훨씬 깊어졌다. 나는 이 개념을 단지 책으로만 접한 것이 아니라, 직접 공부하고 경험하면서 체화했다. 그러한 경험 덕분에 성장 마인드셋은 나에게 적용 가능한 지식이 되었고, 나는 그 이면에 숨어 있는 미묘한 동기들을 더 잘 이해할 수 있게 되었다.

사람은 성장을 추구하면서 동시에 스스로를 어떻게 지킬지 고민하게 된다. 마찬가지로 세상을 이해하려 할 때는 그 안에서 어떻게 변화를 만들어갈지도 함께 생각하게 된다. 이처럼 마인드셋은 단순한 사고방식이 아니라, 자기 자신과 세계를 바라보는 방식, 그리고 그 사이의 긴장을 다루는 방식이기도 하다.

심지어 지금의 나는, 내가 이해한 성장 마인드셋의 의미가 캐롤 드웩이 이 개념을 처음 제시했을 때보다 더 확장되어 있다고 느낀다. 나와 드웩의 이해 사이에는 어떤 근본적인 차이가 있다.

작가는 성장 마인드셋과 고정 마인드셋을 '사고의 분류 기준'으로 삼았다. 누구나 이 둘 중 하나의 마인드셋을 가지고 있으며, 이 분류는 곧 개인을 판단하는 기준이 된다. 즉, 누군가가 성장 지향적인 사고를 하고 있다면 그는 '성장 마인드셋'을 지닌 사람이고, 그렇지 않다면 '고정 마인드셋'을 지닌 사람으로 나뉜다.

그러나 나는 고정 마인드셋을 일종의 상황적 오해로 이해한다. 다시 말해, 사람들이 자신이 사용하는 마인드셋이 실제로 달성하려는 목표와 일치하지 않는다는 사실을 인식하지 못하는 상태라는 것이다. 만약 우리의 진짜 목표가 성장과 변화라면 말이다.

앞서 언급한 사례를 다시 떠올려 보자. 당신의 목표는 '변화를 추구하는 것'이었지만, 실제로 당신이 했던 말은 '위로를 추구하는 것'에 가까웠다. 이러한 불일치는 단순한 모순이 아니라, 우리가 처한 상황 속에서 자연스럽게 발생할 수 있는 오해다. 그리고 이것이 상황적 오해라면, 우리는 연습과 성찰을 통해 충분히 바로잡을 수 있다. 이런 관점에서 보았을 때, 고정 마인드셋을 '사고의 유형'으로 분류하기보다는 '상황적 오해'로 이해하는 편이 성장 마인드셋의 본래 정신에 더 가까이 다가가는 접근이라고 나는 생각한다. 그러나 상황적 오해 외에도, 고정 마인드셋 이면에는 또 다른 미묘한 동력이 존재한다. 나는 때때로 고정 마인드셋을 고수하는 사람들이 단지 자신이 똑똑하지 않다는 사실이 드러나는 것을 두려워하는 것이 아니라, 거절당하는 것을 더 두려워하는 것은 아닐까 생각한다. 그리고 그 두려움의 밑바탕에는 다름 아닌, 수치심이 자리하고 있다.

당신이 온 힘을 다해 노력했음에도 결국 실패한다면, 사람들은 당신이 자신에게 어울리지 않는 무언가를 추구했다고 생각할지도 모른다. 여기서 '어울리지 않는다'는 말은 단순한 부적합을 뜻하는 것이 아니다. 그것은 일종의 사회적 거절을 의미한다.

당신이 진심으로 들어가고 싶었던 어떤 공동체, 혹은 어떤 정체성의 테두리 밖으로 밀려났다는 신호처럼 느껴지는 것이다. 그리고 그 안에 속하지 못한다는 사실은, 곧 '나는 그런 사람이 아니라는 것'처럼 여겨질 수 있다.

그래서 아무 노력도 하기 싫어질 때가 있다. 이는 단순히 힘들어서가 아니라, '어울리지 않는 것을 추구한다'는 수치심을 감당할 수 없기 때문이다. 이러한 수치심을 피하기 위해 우리는 오히려 환상 속에 숨거나 타인의 시선으로 정의된 '나'를 받아들이곤 한다.

그러나 묻고 싶다. 누가 실패를 정의할 수 있는가? 누가 우리를 정의할 수 있는가?' 왜 누군가의 시선은 '내면의 갈망을 좇을 용기가 있는 사람'이 아니라 '어울리지 않는 것을 무리하게 좇는 사람'으로 나를 규정하려 드는가? 그리고 과연 누가 어떤 것이 나에게 어울리고, 어떤 것이 어울리지 않는지를 정의할 수 있단 말인가?

하지만 사람들을 가장 힘들게 하는 것은, 성장하고자 하는 욕망과 자신이 할 수 없을지도 모른다는 의심 사이의 갈등이라고 생각한다. 사실 이러한 모순은 영원히 존재할 것이다. 나 역시 마찬가지다. 나는 전형적인 성장형 사고방식을 가진 사람은 아니지만, 그럼에도 불구하고 끊임없이 더 나은 방향을 향해 나아가고자 노력하고 있다. 만약 나에게 조언을 청한다면, 나는 이렇게 말할 것이다. 더 큰 세상을 경험하는 것은 언제나 좋은 일이라고. 사람은 새로운 경험 속에서 비로소 자신의 세계를 넓혀갈 수 있으니까.

그러나 우리가 다른 길, 이를테면 '편안한 삶'을 선택했다 하더라도, 그것은 결코 비난받을 일이 아니다. 우리가 그 삶 속에서 진심으로 편안함을 느낀다면, 그 자체로 충분한 삶이기 때문이다.

사람은 누구나 모순을 안고 살아간다. 그 모순을 균형 있게 조율하고, 정직하게 마주하며 잘 다스릴 수 있다면, 그것은 오히려 당신을 앞으로 나아가게 하는 강력한 동력이 될 것이다. 그러나 그렇지 못할 경우, 그 모순은 당신을 갉아먹는 내적 소모로 바뀔 수도 있다.

○ **성장 마인드셋 기르는 법**

1. 더 많은 실수 계획하기

성장 마인드셋을 기르기 위해서는 '실수'에 대한 인식부터 새롭게 바꿔야 한다.

실수는 자신을 부정하거나 자책할 이유가 아니라, 배움의 기회를 주는 유용한 피드백으로 받아들여야 한다. 이러한 인식 전환을 실제 삶에 적용하기 위한 방법으로, '실수 계획 세우기'를 제안한다. 구체적인 단계는 다음과 같다.

(1) 매주 3~5개의 실수를 목표로 한다.

(2) 목표를 달성했다면, 각 실수의 원인을 분석해 본다. 어떤 실수는 단순한 부주의 때문일 수 있고, 또 어떤 실수는 새로운 시도와 노력의 결과일 수 있다.

(3) 각 실수가 어떤 피드백을 주었고, 어떤 배움으로 이어졌는지를 기록한다.

2. 3년 전의 나에게 편지 쓰기

사람은 언제나 도전을 통해 성장한다. 이제 3년 전의 자신을 떠올려 보고, 지금의 자신을 다시 생각해 보자. 그 사이에 어떤 일들을 겪었는가? 모든 것을 겪어 낸 사람으로서 3년 전의 자신에게 편지를 써 보자. 그 당시 자신에게 다음과 같은 내용을 알려 주자.

(1) 나는 어떤 어려움에 직면하게 될 것인가?

(2) 필요했던 고민은 무엇이고 불필요했던 고민은 무엇인가?

(3) 이러한 어려움에 어떻게 대처해야 하는가?

(4) 이러한 어려움을 겪고 나면 나의 능력이 어떻게 향상될 것인가?

(5) 3년의 시간이 나에게 어떤 변화와 깨달음을 가져다줄 것인가?

편지를 다 쓴 후에는 봉투에 넣어 보관해 두자.

3. 생명나무 그리기

나무는 성장에 대한 가장 좋은 은유다. 생명나무를 그리며 자신의 성장 과정을 되돌아볼 수 있다. 당신이 그린 나무는 실제 나무일 수도 있고 상상 속의 나무일 수도 있다. 색연필로 그리든 연필로 그리든 상관없지만, 나무의 전체적인 구조를 포함해야 한다.

(1) 뿌리: 뿌리는 성장의 근원이다. 이 부분에는 당신의 나라와 민족, 고향, 가족 등 출신지를 적어 보고, 이러한 요소들이 당신의 성장에 어떤 영향을 미쳤는지 생각해 보자.

(2) 줄기: 줄기는 성장의 중추이자 힘이다. 이 부분에는 당신의 강점과 성품, 특기, 취미 등을 적어 보고, 이러한 자원들이 당신이 어려움을 극복하고 성장하는 데 어떤 도움이 되는지 생각해 보자.

(3) 가지: 가지는 줄기에서 자라나며 싹이 돋는다. 이 부분에는 당신이 향후 5년 안에 이루고 싶은 구체적인 소망을 적어 보자. '행복하기'와 같이 추상적인 것이 아닌, '새 직장 구하기' 또는 '자동차 구입'과 같은 구체적인 내용이어야 한다.

(4) 잎: 각각의 잎에는 당신의 삶에 긍정적인 영향을 미친 사람을 한 명씩 적어 보자. 동료나 선생님과 같은 한 부류를 적지 말고, 특정한 사람을

적어야 한다.

(5) 열매: 열매는 인생의 선물이다. 당신이 가진 모든 것과 감사하는 것들을 적어 보자. 예를 들어, 건강한 신체, 행복한 가정 같은 것들이다.

생명나무를 다 그리고 나면 반드시 서명을 해 두자. 두 명의 친구를 찾아가 당신의 생명나무에 대해 이야기해 주자. 생명나무를 책상 옆에 걸어 두면 당신이 가진 자원을 인지하는 데 도움이 될 수 있다.

◦ 당신에게 묻고 싶은 질문

(1) 예전에는 불가능하다고 생각했지만, 결국 해낸 일이 있었는가?

(2) 3년 전과 비교했을 때, 당신이 가장 크게 발전했다고 느끼는 점은 무엇인가?

(3) 고정 마인드셋의 관점에서 볼 때, 친구나 연인 관계에 어떤 문제가 있을 수 있을까? 반면, 성장 마인드셋의 관점에서는 어떻게 다르게 보일까?

(4) 자신을 '성장형 은유'로 표현한다면, 어떤 모습일까? 그리고 어떤 사람이 되고 싶은가?

(5) 성장 마인드셋의 관점에서 '성장 마인드셋'은 어떻게 배울 수 있을까?

◦ 스스로에게 던지는 질문

(1) 이 일을 하기 위해 어떤 기술을 더 배워야 할까?

(2) 지금 겪고 있는 이 어려움은 내 능력 향상에 어떤 도움을 줄 수 있을까?

(3) 내가 생각하는 것이 옳은지 그른지 어떻게 알 수 있을까?

(4) 만약 실패한다면 그것으로부터 무엇을 배울 수 있을까?

(5) 내가 잘못했다면 어떻게 바로잡아야 할까?

(6) 다른 사람의 성공에서 무엇을 배울 수 있을까?